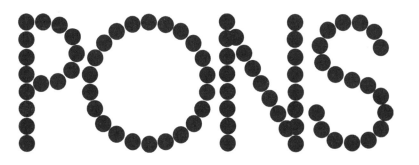

Krótka gramatyka języka angielskiego
z ćwiczeniami

Darcy Bruce Berry
Donata Olejnik

Wydawnictwo LektorKlett
Poznań

Wydawnictwo LektorKlett
ul. Polska 114
60-401 Poznań
tel. (0-61) 849 62 01
faks (0-61) 849 62 02

Tytuł oryginału: Grammatik Englisch kurz & bündig
Grafika: Volker Scheub
Projekt okładki: studio **KO**, Jerzy Nawrot

© Ernst Klett Verlag GmbH, Stuttgart 2000
© dla wydania polskiego Wydawnictwo LektorKlett, Poznań 2005
ISBN 83-7429-010-2

Tłumaczenie i adaptacja: Agnieszka Rzepa
Opracowanie ćwiczeń: Donata Olejnik
Redakcja serii: Robert Kuc
Redakcja tomu: Joanna Roszak
Korekta: Robert Kuc, Sergiusz Olejnik
Skład: Michał Zieliński
Druk: ABEDIK Poznań
Wydanie I

Jak korzystać z „Krótkiej gramatyki języka angielskiego z ćwiczeniami"

Książka ta w zwięzły i jasny sposób przedstawia najważniejsze zagadnienia gramatyki współczesnego języka angielskiego: zarówno amerykańskiego, jak i brytyjskiego. Wszystkie omawiane elementy zilustrowane zostały przykładami przetłumaczonymi na język polski, a na końcu każdego z rozdziałów znajdują się ćwiczenia utrwalające przedstawiony materiał. Ponieważ książka powstała z myślą o polskim użytkowniku, w wielu rozdziałach opisane zostały typowe dla Polaków błędy wraz ze wskazówkami, jak ich uniknąć. Kwestie szczególnie ważne wyróżnione są symbolem

Wyrazy lub formy charakterystyczne dla angielszczyzny brytyjskiej lub amerykańskiej oznaczono odpowiednio skrótami *BrE* oraz *AmE*. Nie musisz kolejno czytać wszystkich rozdziałów. Jeżeli chcesz szybko poznać lub odświeżyć sobie wybrane zagadnienie, wystarczy sięgnąć do odpowiedniej części książki, a następnie wykonać odpowiadające jej ćwiczenia. Spis treści zaczynający się na następnej stronie oraz zamieszczony z tyłu „Indeks terminów gramatycznych" pozwolą szybko znaleźć to, co Cię interesuje. Rozwiązania wszystkich zawartych w książce ćwiczeń znajdują się na stronie 150. Jeżeli nie pamiętasz, co oznacza dany termin gramatyczny, zajrzyj do „Słowniczka angielskich terminów gramatycznych" (strona 157) oraz zestawienia ważniejszych pojęć gramatycznych zamieszczonych na stronie 159.

Życzymy miłej i owocnej nauki!

Spis treści

1 *Verbs* – czasowniki 7
   1.1 Czasowniki zwykłe 7
   1.2 Tenses – czasy gramatyczne 7
   1.3 Auxiliaries – czasowniki posiłkowe 18
   1.4 Modal Auxiliary Verbs – ułomne czasowniki posiłkowe 21
   1.5 Czasowniki specjalne 26

Ćwiczenia 32
   1.1 Czasowniki zwykłe 32
   1.2 Tenses – czasy gramatyczne 32
   1.3 Auxiliaries – czasowniki posiłkowe 36
   1.4 Modal Auxiliary Verbs – ułomne czasowniki posiłkowe 38
   1.5 Czasowniki specjalne 40

2 *Prepositions* – przyimki 41
   2.1 Przyimki czasu 41
   2.2 Przyimki miejsca 44
   2.3 Przyimki kierunku 44

Ćwiczenia 48
   2.1 Przyimki czasu 48
   2.2 Przyimki miejsca 48
   2.3 Przyimki kierunku 49

3 *Phrasal Verbs* – czasowniki frazowe 50

Ćwiczenia 54

4 *Nouns* – rzeczowniki 57
   4.1 Pisownia wielkich i małych liter 57
   4.2 The Plural – liczba mnoga 57
   4.3 Possessive – formy dopełniacza 58
   4.4 Countable and Uncountable Nouns – rzeczowniki policzalne i niepoliczalne 60
   4.5 Pair Nouns 61
   4.6 Proper Names: Titles – nazwy własne: tytuły 62

Ćwiczenia 63
   4.1 Pisownia wielkich i małych liter 63
   4.2 The Plural – liczba mnoga 63
   4.3 Possessive – formy dopełniacza 64
   4.4 Countable and Uncountable Nouns – rzeczowniki policzalne i niepoliczalne 64
   4.5 Pair Nouns 65

5 *Pronouns* – zaimki 66
   5.1 Personal Pronouns – zaimki osobowe 66
   5.2 Possessive Forms – formy dzierżawcze 68
   5.3 Reflexive Pronouns – zaimki zwrotne 71
   5.4 Demonstrative Pronouns – zaimki wskazujące 73

Ćwiczenia 78
   5.1 Personal Pronouns – zaimki osobowe 78
   5.2 Possessive Forms – formy dzierżawcze 78
   5.3 Reflexive Pronouns – zaimki zwrotne 79
   5.4 Demonstrative Pronouns – zaimki wskazujące 80

6 *Articles and Related Words* – przedimki i inne określniki **82**
   6.1   Indefinite Article – przedimek nieokreślony 82
   6.2   Definite Article – przedimek określony 84
   6.3   Demonstrative Pronouns – zaimki wskazujące....................... 86
   6.4   Inne określniki 87

Ćwiczenia **89**
   6.1   Indefinite Article – przedimek nieokreślony/6.2 Definite
         Article – przedimek określony 89
   6.3   Demonstrative Pronouns – zaimki wskazujące....................... 90
   6.4   Inne określniki 90

7 *Quantities and Measurements* – wyrażanie ilości **91**
Ćwiczenia **94**
8 *Adjectives* – przymiotniki **95**
   8.1   General Remarks – uwagi ogólne 95
   8.2   Comparison of Adjectives – stopniowanie przymiotników...... 96
   8.3   Adjectives in the Noun Phrase –
         przymiotniki w grupie rzeczownikowej..................................... 98
   8.4   Adjectives after Verbs – przymiotniki po czasownikach 99
   8.5   Good – well 99
   8.6   Own 100
   8.7   Than 101
   8.8   Porównanie za pomocą konstrukcji as ... as......................... 101
   8.9   „Naj" 101
   8.10 Pytania ogólne 102

Ćwiczenia **104**
   8.1   General Remarks – uwagi ogólne 104
   8.2   Comparison of Adjectives – stopniowanie przymiotników.... 104
   8.3   Adjectives in the Noun Phrase –
         przymiotniki w grupie rzeczownikowej................................... 105
   8.4   Adjectives after Verbs – przymiotniki po czasownikach 106
   8.5   Good – well 106
   8.6   Own 106
   8.7   Than 107
   8.8   Porównanie za pomocą konstrukcji as ... as......................... 107
   8.10 Pytania ogólne 107

9 *Adverbs* – przysłówki **108**
   9.1   Różnica między przymiotnikiem a przysłówkiem 108
   9.2   Tworzenie przysłówków 109
   9.3   Comparison of Adverbs – stopniowanie przysłówków.......... 111
   9.4   Przysłówki opisujące czasownik lub zdanie............................ 111

Ćwiczenia **113**
   9.1   Różnica między przymiotnikiem a przysłówkiem 113
   9.2   Tworzenie przysłówków 113
   9.3   Comparison of Adverbs – stopniowanie przysłówków.......... 114
   9.4   Przysłówki opisujące czasownik lub zdanie............................ 114

10 *Coordinating Conjunctions* – spójniki współrzędne **116**
   10.1 Spójniki jednowyrazowe 116
   10.2 Spójniki złożone 117

Ćwiczenia.. **118**
   10.1 Spójniki jednowyrazowe 118

10.2 Spójniki złożone 118
11 *Sentence Construction* – budowa zdania 119
11.1 Zdanie oznajmujące 119
11.2 Pytania w funkcji zdania podrzędnego 120
11.3 Indirect Speech – mowa zależna 121
11.4 Pronouns – zaimki 122
11.5 Zdania podrzędne okolicznikowe 122
11.6 Zdania z if i when 123
11.7 Formy czasownika w zdaniach z if 123
11.8 Inne zdania podrzędne okolicznikowe 125
11.9 Zdania bezokolicznikowe 126
11.10 Zdania okolicznikowe celu 127
11.11 Zdania z formą -ing czasownika 127
11.12 Let – pozwalać 131
11.13 Have – polecić 131
11.14 Make – zmuszać 132
Ćwiczenia 133
11.1 Zdanie oznajmujące 133
11.2 Pytania w funkcji zdania podrzędnego 133
11.3 Indirect Speech – mowa zależna/11.4 Pronouns – zaimki 134
11.5 Zdania podrzędne okolicznikowe/11.6 Zdania z if i when/
        11.7 Formy czasownika w zdaniach z if/11.8 Inne zdania
        podrzędne okolicznikowe/11.9 Zdania bezokolicznikowe/
        11.10 Zdania okolicznikowe celu 134
11.11 Zdania z formą -ing czasownika 135
11.12 Let – pozwalać/11.13 Have – polecić/11.14 Make – zmuszać.. 136
12 Pytania zaczynające się od słowa pytającego 138
12.1 Lista angielskich słów pytających 138
12.2 Użycie słów pytających 138
Ćwiczenia 140
12.1 Lista angielskich słów pytających/12.2 Użycie słów
        pytających 140
13 *Relative Clauses* – zdania względne 141
13.1 Relative Pronouns – zaimki względne 142
13.2 That 144
13.3 Free Relatives 145
Ćwiczenia 146
13.1 Relative Pronouns – zaimki względne/13.2 That 146
13.3 Free Relatives 147
14 *Negation* – przeczenie 148
14.1 Słowa i wyrażenia o znaczeniu przeczącym 148
14.2 Słowa zawierające any- 148
Ćwiczenia 149
14.1 Słowa i wyrażenia o znaczeniu przeczącym 149
14.2 Słowa zawierające any- 149
15 Klucz 150
16 *Słowniczek angielskich terminów gramatycznych* 157
Pojęcia gramatyczne 158
Indeks terminów gramatycznych 159

1 *Verbs* – czasowniki

1.1 Czasowniki zwykłe

Czasowniki można podzielić na przechodnie (*transitive*) i nieprzechodnie (*intransitive*).

– Czasowniki przechodnie mają dopełnienie:
Anne **likes** *dogs*. Anne lubi psy.
Jeremy **was writing** *a letter*. Jeremy pisał list.

– Czasowniki nieprzechodnie nie mają dopełnienia:
Anne **sleeps** well. Anne dobrze sypia.
Jeremy **smiled**. Jeremy uśmiechnął się.

Czasowniki regularne i nieregularne

Do bezokolicznika (tj. formy podstawowej) czasownika regularnego można dodać końcówkę **-ed**. W ten sposób powstaje *Past Participle* (imiesłów bierny): tej formy czasownika używa się do tworzenia niektórych czasów gramatycznych.

1. Forma	2. Forma	3. Forma
Infinitive: (to) **call**	Simple Past: **called**	Past Participle: **called**

Od czasowników nieregularnych nie można w ten sam sposób utworzyć form *Simple Past* i *Past Participle* – trzeba je opanować pamięciowo.

1. Forma	2. Forma	3. Forma
Infinitive: (to) **sing**	Simple Past: **sang**	Past Participle: **sung**

1.2 *Tenses* – czasy gramatyczne

Czasy proste (budowa)

Do tworzenia czasów prostych używa się zwykłych form czasu teraźniejszego i przeszłego, bez słów posiłkowych.

Simple Present – czas teraźniejszy prosty

Forma czasu *Simple Present* jest taka sama jak bezokolicznik danego czasownika. Wyjątkiem są zdania, w których podmiotem jest trzecia osoba liczby pojedynczej (**he**, **she**, **it**): wtedy do podstawowej formy czasownika należy dodać końcówkę **-(e)s**.

I **like** hairy spiders.	Lubię włochate pająki.
You **need** a haircut.	Musisz obciąć włosy.
He **watches** television every evening.	Co wieczór ogląda telewizję.
She **prefers** white wine.	Woli białe wino.
Tom and Martha **want** a new car.	Tom i Martha chcą nowy samochód.

Simple Past – czas przeszły prosty

Formę czasu przeszłego prostego czasowników regularnych tworzy się poprzez dodanie końcówki **-ed** do bezokolicznika.

I **wanted** a new car.	Chciałam nowy samochód.
The telephones **worked** yesterday.	Telefony wczoraj działały.

Dla czasowników nieregularnych w czasie *Simple Past* używa się drugiej formy czasownika.

Oto lista najczęściej używanych czasowników nieregularnych.

1. Forma Infinitive	2. Forma Simple Past	3. Forma Past Participle	Tłumaczenie
be	was/were	been	być
begin	began	begun	zaczynać
bring	brought	brought	przynosić
buy	bought	bought	kupować
catch	caught	caught	łapać
choose	chose	chosen	wybierać
come	came	come	przychodzić, przybywać
cost	cost	cost	kosztować
cut	cut	cut	ciąć
do	did	done	robić
drink	drank	drunk	pić
drive	drove	driven	prowadzić (auto), kierować
eat	ate	eaten	jeść
fall	fell	fell	spadać, przewracać się
feel	felt	felt	czuć (się)
fly	flew	flown	latać
forget	forgot	forgotten	zapominać
get	got	got *BrE*, gotten *AmE*	dostawać
give	gave	given	dawać

go	went	gone	iść
have	had	had	mieć
hear	heard	heard	słyszeć
keep	kept	kept	trzymać
know	knew	known	wiedzieć, znać
leave	left	left	wyjeżdżać, zostawiać
lend	lent	lent	pożyczać (komuś)
lose	lost	lost	gubić, tracić
make	made	made	robić
pay	paid	paid	płacić
put	put	put	kłaść, stawiać
read [ri:d]	read [red]	read [red]	czytać
ride	rode	ridden	jeździć
ring	rang	rung	dzwonić
run	ran	run	biegać
say	said	said	mówić
see	saw	seen	widzieć
sell	sold	sold	sprzedawać
sing	sang	sung	śpiewać
sit	sat	sat	siadać
sleep	slept	slept	spać
take	took	taken	brać, zabierać
teach	taught	taught	uczyć, nauczać
tell	told	told	mówić, opowiadać
think	thought	thought	myśleć
write	wrote	written	pisać

Istnieją czasowniki, które w amerykańskim angielskim traktowane są jak czasowniki regularne, ale w brytyjskim angielskim przyjmują formy nieregularne, np.:

Infinitive	Simple Past i Past Participle	Tłumaczenie
dream	dreamt *BrE* / -ed *AmE*	śnić, marzyć
lean	leant *BrE* / -ed *AmE*	opierać się
learn	learnt *BrE* / -ed *AmE*	uczyć się
spell	spelt *BrE* / -ed *AmE*	literować
spill	spilt *BrE* / -ed *AmE*	rozlewać
spoil	spoilt *BrE* / -ed *AmE*	niszczyć, psuć

Czasy złożone (budowa)

Formy czasów złożonych składają się z grupy czasownika posiłkowego oraz z czasownika zwykłego z odpowiednią końcówką, a w bardziej skomplikowanych wypadkach z dwóch czasowników posiłkowych i czasownika zwykłego z końcówką.

Continuous Tenses – czasy ciągłe

Czasy ciągłe tworzy się poprzez dodanie do odpowiedniej formy czasownika posiłkowego **be** czasownika zwykłego z końcówką **-ing**.

Present Continuous – czas teraźniejszy ciągły

The cat **is** sleep**ing**.	Kot śpi.
They **are** learn**ing** English.	Uczą się (teraz) angielskiego.

Past Continuous – czas przeszły ciągły

George **was** wear**ing** a bow tie.	George miał muszkę.
You **were** driv**ing** me crazy.	Doprowadzałaś mnie do szału.

Perfect Tenses – czasy dokonane

Czasy dokonane tworzy się za pomocą czasownika posiłkowego **have** w odpowiedniej formie, do której dodaje się *Past Participle* (imiesłów bierny), tj. czasownik z końcówką **-ed**, lub (w wypadku czasowników nieregularnych) trzecią formę czasownika.

Present Perfect – czas teraźniejszy dokonany

I **have been** here before.	Już tutaj byłam.
Carla **has hidden** my shoes	Carla schowała mi buty.

Past Perfect – czas przeszły dokonany (zaprzeszły)

Deanna **had chosen** a large coconut.	Deanna wybrała duży kokos.
Wally **had slipped** on a banana peel.	Wally poślizgnął się na skórce od banana.

W języku potocznym można stosować formy ściągnięte podmiotu i odpowiedniej formy czasownika **have**.

you have	→	you've
she has	→	she's
we had	→	we'd

I have talked to them.	Rozmawiałem z nimi.
I've talked to them.	

Future Simple – wyrażanie przyszłości

Formy tzw. czasu przyszłego prostego (stanowiącego tylko jeden z możliwych sposobów wyrażania przyszłości) tworzy się za pomocą ułomnego czasownika posiłkowego **will**:

They **will** move next year.	W przyszłym roku się przeprowadzą.
When **will** we meet again?	Kiedy się znowu spotkamy?

Passive Forms – strona bierna (budowa)

Podstawowe formy strony biernej tworzy się, łącząc odpowiednią formę czasownika posiłkowego **be** z *Past Participle* (imiesłowem biernym):

That song **is sung** at services.
Tę pieśń śpiewa się podczas nabożeństw.

The dishwasher **was repaired** today.
Dzisiaj naprawiono zmywarkę do naczyń.

Aby zaznaczyć, kto lub co jest wykonawcą czynności, używa się przyimka **by**:

The dessert is brought **by** the butler.
Deser jest przynoszony przez kamerdynera.

He was hit **by** a bullet.
Został trafiony kulą.

Większe grupy czasowników posiłkowych

Często napisanie zdania w stronie biernej wymaga użycia kilku czasowników posiłkowych. Stosuje się wtedy następującą kolejność:

will	have been	being	tormented
czasownik ułomny	*perfect*	*continuous*	*Past Participle*

She **had been sacked**.
Została wyrzucona z pracy.

They **will have been being tormented** by nightmares for a year now.
Już od roku są dręczeni przez nocne koszmary.

Zastosowanie strony biernej

W języku angielskim używa się strony biernej częściej niż w języku polskim. Stosuje się ją do opisania czynności, której wykonawca nie jest znany albo nie jest ważny (ważniejsza jest sama czynność lub jej skutek niż wykonawca):

Five laptops **were stolen** from the office.
Z biura skradziono pięć laptopów.

Strony biernej używa się także do wyrażenia konstrukcji bezosobowych typu: „mówi się, że", „uważa się, że". Polacy muszą zwrócić na to użycie szczególną uwagę, bo w języku polskim do tworzenia takich konstrukcji nie stosuje się strony biernej:

He **is thought** to be very handsome.
Podobno jest bardzo przystojny.

She **is said** to be rich.
Mówi się, że jest bogata.

He **can't be eating** again! To niewiarygodne, on znowu je!

Forma *used to*

Forma **used to** służy do opisywania dawnych upodobań, których teraz już się nie ma, albo czynności regularnie wykonywanych w przeszłości, ale już zarzuconych. **Used to** występuje zawsze między podmiotem a czasownikiem zwykłym w bezokoliczniku, a więc jest zawsze pierwszym czasownikiem w zdaniu.

Po polsku formę **used to** można wyrazić za pomocą słowa „kiedyś" w połączeniu z czasem przeszłym:

    But you **used to like** spinach. Przecież kiedyś lubiłaś szpinak.
    Mr. Jones **used to** go Kiedyś pan Jones codziennie
      for a walk every day.   chodził na spacer.

Zastosowanie czasów gramatycznych

1. *Simple Present* i *Present Continuous*

Czasu *Simple Present* używa się do opisywania stałych cech charakterystycznych ludzi lub rzeczy i do wyrażenia prawd ogólnych:

    The sun **sets** in the west. Słońce zachodzi na zachodzie.
    I **like** chocolate ice cream. Lubię lody czekoladowe.

Służy on także do opisywania czynności wykonywanych regularnie lub stale:

    The churchbells **ring** Dzwony kościelne dzwonią
      every hour.   co godzinę.

Czas *Present Continuous* stosuje się do wyrażenia czynności wykonywanej w danej chwili, to znaczy wtedy, gdy o niej mówimy:

| I'm eating chocolate ice cream. | (Właśnie) jem lody czekoladowe. |

Można go także używać do opisania czynności, stanu lub zwyczaju, który nie jest stały (jest krótkotrwały):

| He has a house in London, but he **is living** in New York now. | Ma dom w Londynie, ale teraz mieszka w Nowym Jorku. |

2. *Present Perfect*

Polacy często mają kłopoty z opanowaniem czasu *Present Perfect*, ponieważ nie ma on jednoznacznego polskiego odpowiednika. W zależności od kontekstu, zdania w czasie *Present Perfect* tłumaczy się na polski jako zdania w czasie teraźniejszym lub przeszłym. Trzeba jednak pamiętać, że w języku angielskim ten czas traktowany jest jednoznacznie jako czas teraźniejszy.

Czasu *Present Perfect* używa się do opisania czynności, która zdarzyła się w nieodległej przeszłości (często bliżej nieokreślonej), ale ma skutki w teraźniejszości albo w jakiś sposób się do niej odnosi. Zdania w tym czasie mają często aspekt dokonany:

| Beatrice **has written** another novel. | Beatrice napisała jeszcze jedną powieść. |

Poza tym czas ten stosuje się do opisania czynności, która zaczęła się w przeszłości i trwa nadal (i prawdopodobnie będzie także trwała w przyszłości):

| The **plumber has** been here since 9:00. | Hydraulik jest tutaj od dziewiątej. |

Czas *Present Perfect* często występuje z przyimkami **for** (przez pewien czas) i **since** (od określonego momentu w przeszłości), np.:

I've lived in New York **for** five years.	Mieszkam w Nowym Jorku od pięciu lat.
Mary's lived in London **since** 1975.	Mary mieszka w Londynie od 1975 roku.
They've been rich **since** they won the lottery.	Są bogaci, odkąd wygrali na loterii.

3. *Present Perfect* i *Simple Past*

Stosując czas *Present Perfect*, zaznaczamy zawsze pewien związek z teraźniejszością (np. okres, o którym mówimy, jeszcze się nie zakończył albo jest nieodległy w czasie lub niedokładnie określony), natomiast czas *Simple Past* stosujemy do opisania czynności zakończonej w przeszłości albo serii takich czynności:

I **have lived** in London for five years.	Mieszkam w Londynie od pięciu lat. (nadal tam mieszkam)
I **lived** in London for five years.	Mieszkałem w Londynie przez pięć lat. (ale już tam nie mieszkam)
We've met before.	Już się znamy. (nasza znajomość trwa)
We met at a party.	Poznaliśmy się na imprezie. (minione zdarzenie)

 Jeśli w zdaniu pojawia się dokładne określenie momentu w przeszłości, kiedy coś się zdarzyło, nie wolno użyć czasu *Present Perfect*.

| I **saw** that play **last year**. | Widziałam tę sztukę w zeszłym roku. |
| I **paid** that bill **on the first of month**. | Zapłaciłem ten rachunek pierwszego. |

We współczesnym amerykańskim angielskim czas *Present Perfect* jest stosowany o wiele rzadziej niż w brytyjskim angielskim. Zamiast niego w wielu kontekstach używa się czasu *Simple Past*.

4. *Simple Past* i *Past Continuous*

Czas *Past Continuous* stosuje się do opisania czynności wykonywanej w przeszłości przez pewien okres lub do opisania dwóch lub więcej czynności toczących się równocześnie (na ogół dosyć długo) w przeszłości:

| They **were smoking** cigarettes throughout the meeting. | Przez całe zebranie palili papierosy. |
| While I **was baking** bread, Julie was sweeping the kitchen. | Kiedy piekłem chleb, Julie zamiatała kuchnię. |

Czasu *Past Continuous* używa się także do opisania czynności będącej w toku w danym momencie w przeszłości:

| At that moment she **was thinking** about her parrot. | W tym momencie myślała o swojej papudze. |

Czas *Simple Past* ma aspekt dokonany, a *Past Continuous* aspekt niedokonany:

| Several plates **fell off** the shelf. | Kilka talerzy spadło z półki. |
| During the earthquake plates **were falling off** shelves. | Podczas trzęsienia ziemi talerze spadały z półek. |

Jeżeli jest mowa o dwóch czynnościach wykonywanych jednocześnie, z których jedna trwa dłużej, a druga krócej, to dla wyrażenia czynności dłuższej stosuje się czas *Past Continuous*, a krótszej – czas *Simple Past*. Analogicznie postępuje się przy opisywaniu dwóch jednoczesnych wydarzeń w przeszłości:

When we **came back**, she **was** still **talking** to her boyfriend on the phone.
Kiedy wróciliśmy, ciągle rozmawiała przez telefon ze swoim chłopakiem.

I quickly **turned away** when I noticed that they were **kissing** and **hugging**.
Szybko się odwróciłam, kiedy zauważyłam, że się całują i ściskają.

5. *Past Perfect* i *Simple Past*

Czas *Past Perfect* zaznacza, że dane wydarzenie odbyło się przed jakimś momentem lub wydarzeniem w przeszłości. Jeżeli więc jest mowa o dwóch wydarzeniach, wcześniejsze z nich powinno zostać zapisane w czasie *Past Perfect*, a późniejsze w *Simple Past*:

By the time she **was** three she **had learnt** to read.
Nauczyła się czytać przed ukończeniem trzech lat.

I **had eaten** my breakfast at 7 and then I left the house.
Zjadłem śniadanie o siódmej, a potem wyszedłem z domu.

Porównaj:

On Monday Anne **had** already **found out** the truth.
W poniedziałek Anna znała już prawdę.

On Monday Anne **found out** the truth.
W poniedziałek Anna dowiedziała się prawdy.

She **knew** Bill **cheated** on her.
Wiedziała, że Bill ją zdradza.

She **knew** Bill **had cheated** on her.
Wiedziała, że Bill ją zdradził.

6. *Future Forms* – sposoby wyrażania przyszłości

Jednym ze sposobów wyrażania przyszłości jest użycie ułomnego czasownika posiłkowego **will** z bezokolicznikiem czasownika zwykłego (tzw. czas *Future Simple*), ale ta forma jest używana rzadziej, niż można by się spodziewać, ponieważ w języku angielskim istnieje także wiele innych sposobów wyrażania przyszłości.

Przyszłość najczęściej wyraża się za pomocą **will**, (*Future Simple*) kiedy mówimy o czymś, czego nie planujemy, a co wydarzy się niezależnie od nas, bez względu na naszą wolę.

It **will rain** soon.
Zaraz będzie padać.

If you aren't careful, you**'ll fall**.
Jeśli nie będziesz uważał, upadniesz.

Business **will improve** during the Christmas season.
W okresie świątecznym interesy będą lepiej szły.

Tej formy czasu przyszłego można także używać do opisania planowanego działania (szczególnie jeśli decyzję podejmujemy w chwili mówienia) oraz do wyrażenia propozycji:

I'**ll buy** the drinks for
the party.

Kupię napoje na imprezę.

Marty **will drive** Al home
after the meeting.

Mary zawiezie Ala do domu
po zebraniu.

Jon **will take** the car
tomorrow, and I will
take the bus.

Jon pojedzie jutro samochodem, a ja autobusem.

Czasu *Future Simple* nie stosuje się, mówiąc o czymś, co zostało dokładnie zaplanowane. Szczególnie w języku mówionym należy wtedy użyć zupełnie innej konstrukcji gramatycznej, a mianowicie **be going to**. Konstrukcja ta jest używana do mówienia o wcześniej ustalonym planie lub podjętej decyzji albo do opisania wydarzenia, które zdaniem mówiącego z pewnością będzie miało miejsce w przyszłości. Nie można się nią posłużyć przy składaniu propozycji.

I'm **going to** murder
this computer!

Zamorduję ten komputer!

The house is badly damaged.
It'**s going to** fall apart.

Dom jest poważnie uszkodzony.
Na pewno się rozpadnie.

It's **going to** rain.

Będzie padało.

Po polsku **be going to** można w niektórych wypadkach wyrazić jako „mieć zamiar", np.:

They'**re going to** talk to
John's teacher tomorrow.

Mają zamiar jutro porozmawiać
z nauczycielem Johna.

Present Continuous

Czas *Present Continuous* może zostać użyty do opisania już ustalonego planu, który dotyczy przyszłości (najczęściej chodzi o plany osobiste):

Mabel **is flying** to Hawaii tomorrow.
Mabel leci jutro na Hawaje.

My parents **are moving** next year.
Moi rodzice przeprowadzą się w przyszłym roku.

Future Continuous – czas przyszły ciągły

Czas *Future Continuous* tworzy się poprzez dodanie do **will** czasownika posiłkowego **be** i czasownika zwykłego z końcówką **-ing**. Używa się go do wyrażenia czegoś, co zdarzy się w przyszłości, chociaż niekoniecznie zostało zaplanowane.

I can ask Randy for you. I'**ll be seeing** him tonight.
Mogę o to spytać Randy'ego za ciebie. Będę się z nim widział wieczorem.

Ta forma jest często używana w uprzejmych pytaniach dotyczących czyichś zamiarów na przyszłość:

Will you **be seeing** Randy tonight?
Będziesz się dziś wieczór widział z Randym?

Używa się jej także, aby zaznaczyć, że dana czynność będzie się odbywała w określonym momencie w przyszłości (nie będzie jeszcze zakończona). Zdania w czasie *Future Continuous* mają więc aspekt niedokonany.

Tonight at nine I'll be talking to Randy.
Dzisiaj o dziewiątej wieczór będę rozmawiał z Randym.

Simple Present

Charakterystycznym zastosowaniem *Simple Present* jest opisywanie już ustalonego planu, który dotyczy przyszłości (najczęściej plan oficjalny, nie indywidualny). Używamy go, mówiąc o zaplanowanym i pewnym wydarzeniu:

The Olympic Games **start** the day after tomorrow.
Olimpiada zaczyna się pojutrze.

My cousin **arrives** on Monday.
Mój kuzyn przyjeżdża w poniedziałek.

7. Przyszłość w przeszłości

Co zrobić, gdy mówimy o przeszłości i w tekstach albo zdaniach w czasie przeszłym trzeba wyrazić zdania dotyczące przyszłości?

Would jako formy czasu przeszłego od **will** użyjemy w zasadzie tylko w mowie zależnej:

Harold said that Sue **would** be late.
Harold powiedział, że Sue się spóźni.

Najczęściej jednak nie można po prostu zamienić **will** na **would**. W takiej sytuacji należy użyć w zastępstwie formy **be going to**:

It was clear that Sue **was going to** be late for school.   Było jasne, że Sue spóźni się do szkoły.

Jeśli w danym zdaniu zmienimy *Simple Present* na *Simple Past*, będzie ono wyrażało czas przeszły, a nie przyszłość w przeszłości:

My cousin **arrived** on Monday.   Mój kuzyn przyjechał w poniedziałek.

Dlatego i w tej sytuacji lepiej jest posłużyć się konstrukcją **be going to** lub *Past Continuous*:

My cousin **was going to** arrive on Monday.
My cousin **was arriving** on Monday.   } Mój kuzyn miał przyjechać w poniedziałek.

1.3   *Auxiliaries* – czasowniki posiłkowe

Do grupy angielskich czasowników posiłkowych zalicza się m.in. czasowniki *have*, *do* i *be*. Czasowniki posiłkowe w zdaniach oznajmujących znajdują się między podmiotem a czasownikiem zwykłym:

The dog **has** eaten my homework.   Pies zjadł moje zadanie domowe.
They **are** looking for Easter eggs.   Szukają jajek wielkanocnych.

Czasowniki posiłkowe są niezbędne do tworzenia niektórych struktur gramatycznych. *Perfect Tenses* zawierają w swojej podstawowej strukturze czasownik posiłkowy **have**, który wykorzystuje się m.in. do tworzenia pytań i przeczeń w tych czasach. W wypadku czasów gramatycznych, których podstawowa struktura nie zawiera słowa posiłkowego (*Present Simple* i *Past Simple*), odpowiedniej formy czasownika posiłkowego **do** używa się tylko do tworzenia pytań i przeczeń. Czasowników posiłkowych nie tłumaczy się – mają one tylko znaczenie gramatyczne.

Yes-No Questions – pytania o rozstrzygnięcie

Pytania o rozstrzygnięcie, na które odpowiada się **yes** lub **no**, stawia się za pomocą czasowników posiłkowych. W wypadku zdań oznajmujących, w których znajduje się czasownik posiłkowy, pytanie ogólne tworzymy, stawiając ten czasownik na początku zdania. Jeśli jednak w zdaniu oznajmującym występuje tylko czasownik zwykły, trzeba użyć czasownika **do**:

Have you seen the new film?   Czy widziałeś ten nowy film?
Do you know my friend   Znasz mojego przyjaciela
  Sebastian?   Sebastiana?

Pytania te zostały utworzone z następujących zdań oznajmujących:

You have seen the new film.   Widziałeś ten nowy film.
You know my friend Sebastian. Znasz mojego przyjaciela
                Sebastiana.

Pierwsze zdanie zawiera czasownik posiłkowy **have**, który w pytaniu wystąpi na początku zdania. Zdanie drugie nie zawiera czasownika posiłkowego. W takich wypadkach pytanie o rozstrzygnięcie trzeba zacząć od odpowiedniej formy **do** (należy więc dodać czasownik posiłkowy).

Jeśli w zdaniu znajdują się dwa czasowniki posiłkowe lub więcej, tylko pierwszy z nich stawia się na początku pytania o rozstrzygnięcie.

Zdanie oznajmujące:

The letters **have been** sent.   Listy zostały wysłane.

Pytanie:

Have the letters **been** sent?   Czy listy zostały wysłane?

Negation – przeczenie

Typowe zdania przeczące tworzy się, stawiając **not** między czasownikiem posiłkowym a zwykłym w zdaniu twierdzącym: zaprzeczenie wymaga obecności czasownika posiłkowego.

The guests **had not**   Goście jeszcze nie przyjechali.
  arrived yet.
We **did not** like the beer. Nie smakowało nam piwo.

Drugie zdanie przeczące pochodzi od zdania twierdzącego:

We liked the beer.

W tym zdaniu nie ma czasownika posiłkowego, więc aby utworzyć przeczenie należy wstawić czasownik posiłkowy **do** w odpowiedniej formie wraz z **not** (tutaj **do** ma formę **did**, bo zdanie jest w czasie przeszłym).

W języku mówionym rzadko stosuje się pełną formę **not**. Zamiast niej do czasownika posiłkowego dodaje się zredukowaną formę **not**: **-n't**.

The guests **hadn't** arrived yet. Goście jeszcze nie przyjechali.
We **didn't** like the beer. Piwo nam nie smakowało.

Jeśli chcemy utworzyć pytanie o rozstrzygnięcie od zdania zaprzeczonego, na początku pytania powinniśmy umieścić czasownik posiłkowy z **-n't**.

Didn't you like the beer? Nie smakowało ci piwo?

Krótkie odpowiedzi

Na pytanie o rozstrzygnięcie nie trzeba odpowiadać pełnym zdaniem. Najkrócej można oczywiście odpowiedzieć po prostu **yes** lub **no**, ale można też dać odpowiedź pełniejszą, choć skróconą.

W wypadku odpowiedzi twierdzącej zdanie skrócone następujące po **yes** składa się po prostu z podmiotu i odpowiedniego czasownika posiłkowego:

Pytanie:
   Did you see the film Czy widziałeś film
   on Monday? w poniedziałek?

Odpowiedź:
   Yes, I **did**. Tak, widziałem.

W wypadku odpowiedzi przeczącej skrócone zdanie po **no** składa się z podmiotu i zaprzeczonego czasownika posiłkowego:

Pytanie:
   Did you see the film Czy widziałeś film w poniedziałek?
   on Monday?

Odpowiedź:
   No, I **didn't**. Nie, nie widziałem.

Jak wynika z przykładów, trzeba koniecznie pamiętać, że forma czasownika posiłkowego w odpowiedzi musi być taka sama jak w poprzedzającym ją pytaniu.

Wyjątkiem są pytania o podmiot: słowo pytające zajmuje w nich miejsce podmiotu. Krótka odpowiedź składa się z podmiotu i odpowiedniej formy czasownika posiłkowego.

Pytanie:
   Who**'s** [= has] been to Paris? Kto był w Paryżu?

Odpowiedź:
   Terry and Larry **have**. Terry i Larry tam byli.

Pytanie:
   What just **fell** into the soup? Co wpadło do zupy?

Odpowiedź:
My watch **did**.   Mój zegarek.

Question Tags – pytania obcięte

Jedną z najczęściej używanych angielskich konstrukcji gramatycznych jest zdanie oznajmujące z *Question Tag*. Question Tag, nazywane pytaniem obciętym, ma formę taką jak krótka odpowiedź: czasownik posiłkowy + podmiot. Ponieważ w języku polskim nie istnieje taka konstrukcja, wyrażamy ją w tłumaczeniu jako „prawda?", „nieprawdaż?", a czasem jako „chyba":

Laura hasn't taken my sweater, **has she**?   Laura nie zabrała mojego swetra, prawda? / Chyba Laura nie zabrała mojego swetra?

Podmiotem pytania obciętego jest zawsze zaimek osobowy odpowiadający podmiotowi zdania oznajmującego, które je poprzedza:

The children have returned, **haven't they**?   Dzieci już wróciły, prawda?

Jeśli pierwszym czasownikiem zdania oznajmującego jest czasownik zwykły, a nie posiłkowy, w pytaniu obciętym stosujemy odpowiednią formę **do** (czyli zastępujemy czasownik zwykły posiłkowym):

You know my friend Sebastian, **don't you**?   Znasz mojego przyjaciela Sebastiana, nieprawdaż?

 Po zdaniu twierdzącym następuje zawsze pytanie obcięte w formie zaprzeczonej, a po zdaniu przeczącym – w formie twierdzącej:

Billie **had** left, **hadn't she**?   Billie już wyszła, prawda?
Billie **hadn't** left, **had she**?   Billie chyba jeszcze nie wyszła?

Pytanie obcięte może stanowić tylko prośbę o potwierdzenie czegoś, czego osoba zadająca pytanie w zasadzie jest pewna: wypowiada się je wtedy z intonacją opadającą. Jeśli wypowie się je z intonacją rosnącą, będzie bardziej przypominało prawdziwe pytanie, na które oczekuje się odpowiedzi.

1.4 *Modal Auxiliary Verbs* – ułomne czasowniki posiłkowe

Forma

Najważniejsze angielskie ułomne czasowniki posiłkowe to **can**, **could**, **will**, **would**, **shall**, **should**, **may**, **might** oraz **must**. Najczęściej omawia się je w parach złożonych z formy czasu teraźniejszego i czasu przeszłego danego czasownika.

Forma czasu teraźniejszego	Forma czasu przeszłego
can	could
will	would
shall	should
may	might

W rzeczywistości jedynie **could** jest używane jako czas przeszły od **can**.

Teraźniejszość:

She **can** drive. Potrafi prowadzić samochód.

Przeszłość:

He **could** drive, but he was a lousy driver. Potrafił prowadzić, ale był beznadziejnym kierowcą.

Najlepiej nauczyć się na pamięć znaczenia i sposobu użycia każdej z tych form z osobna, gdyż podział na formy czasu teraźniejszego i przeszłego jest zbyt daleko idącym uproszczeniem.

Przeczenia

Czasowniki ułomne zaprzecza się, dodając **not** bezpośrednio do czasownika. Można także stosować formy ściągnięte przeczeń: na ogół dodaje się wtedy do czasownika ułomnego **-n't**, np. *shouldn't*. Czasem jednak zmienia się w takim wypadku forma czasownika:

can + n't → can't
will + n't → won't
shall + n't → shan't

Won't może czasem występować w znaczeniu „nie chce":

The gardener **won't** rake the leaves. Ogrodnik nie chce zagrabić liści.

The car **won't** start. Samochód nie chce zapalić.

Podobnie **wouldn't** może występować w znaczeniu „nie chciał":

The gardener **wouldn't** rake the leaves. Ogrodnik nie chciał zagrabić liści.

The car **wouldn't** start. Samochód nie chciał zapalić.

Użycie w zdaniu

W przeciwieństwie do czasowników zwykłych, czasowniki ułomne nie przyjmują żadnych końcówek, a więc ich forma nie zmienia się także w zdaniach z podmiotem **he/she/it**:

I **can** go. Mogę iść.

She **can** go. Może iść.

Czasowniki ułomne występują w zdaniu przed wszystkimi innymi czasownikami posiłkowymi. Czasowniki stojące po ułomnych występują w formie bezokolicznika bez **to**:

John **can meet** you at the airport.
John może cię odebrać z lotniska.

John **can't meet** you at the airport.
John nie może cię odebrać z lotniska.

Should Cathy **take** her car?
Czy Cathy powinna zabrać samochód?

No, she **shouldn't**.
Nie, nie powinna.

They**'ll** just do it again, **won't** they?
Po prostu zrobią to jeszcze raz, prawda?

Czasownik **ought**, który znaczy mniej więcej to samo co **should**, zachowuje się podobnie jak czasowniki ułomne, tyle że musi po nim wystąpić czasownik w bezokoliczniku z **to**:

You **ought to bathe** sometimes.
Czasem powinieneś się kąpać.

Znaczenie i specyficzne zastosowania ułomnych czasowników posiłkowych

Ułomnych czasowników posiłkowych często używa się, aby wyrazić przypuszczenie. Wybór danego czasownika ułomnego zależy wtedy od tego, jak prawdopodobne jest, że przypuszczenie jest trafne.

Can znaczy „móc, potrafić". Wyraża umiejętność, możliwość, prawdopodobieństwo, przyzwolenie lub propozycję, a w pytaniach uprzejmą prośbę:

I **can** swim.	Potrafię pływać.
I **can** help you, if you wish.	Mogę ci pomóc, jeśli chcesz.
I **can** play with her puppy once a week.	Raz w tygodniu wolno mi bawić się z jej szczeniakiem.
I haven't seen Al for quite a while: he **can** be abroad.	Od dosyć dawna nie widziałem Ala: może jest za granicą.
Can you open the window, please?	Czy możesz otworzyć okno?

Could wyraża umiejętność, możliwość, prawdopodobieństwo, przyzwolenie lub propozycję; w pytaniach wyraża uprzejmą prośbę. **Could** może, ale nie musi, odnosić się do przeszłości.

She **could** run fast when she was young.	Kiedy była młoda, potrafiła szybko biegać.
I **could** play with her puppy once a week.	Raz w tygodniu wolno mi było bawić się z jej szczeniakiem.
Could you open the window, please?	Czy mógłbyś otworzyć okno?
I haven't seen Al for quite a while: he **could** be abroad.	Od dosyć dawna nie widziałem Ala: być może jest za granicą.

Powyższe zdanie wyraża mniejsze prawdopodobieństwo, że Al jest za granicą niż analogiczne zdanie z **can**.

Will wyraża przyszłość lub propozycję, a w pytaniach prośbę:

I **will** help you, if you wish.	Pomogę ci, jeśli chcesz.

Czasownik **would** jest najczęściej stosowany jako forma grzecznościowa łagodząca żądanie. W pytaniach **would** wyraża prośbę.

I **would** need a new dress.	Potrzebna by mi była nowa sukienka.

Shall wyraża przyszły zamiar, obietnicę, a w pytaniach prośbę lub propozycję:

We **shall** come to help you tomorrow.	Jutro przyjdziemy wam pomóc.

Should wyraża powinność, radę lub przypuszczenie, że coś powinno lub musi się odbyć albo być prawdą:

Ms. Young **should** know.	Pani Young powinna wiedzieć.
Walter **should** be feeding the cat.	Walter powinien teraz karmić kota.

May można w niektórych kontekstach przetłumaczyć jako „móc" w sensie „mieć pozwolenie na". Czasownika tego używa się, aby wyrazić zezwolenie lub przypuszczenie:

You **may** start writing now. Teraz możecie (=wolno wam)
zacząć pisać.
I **may** be wrong. Mogę się mylić.

Might wyraża zezwolenie lub przypuszczenie czasem odnoszące się do przeszłości, a w pytaniach bardzo uprzejmą prośbę:

He **might** go now. Wolno mu już wyjść.
Ann **might** be at school now. Ann może być teraz w szkole.

Jak widać i **may** i **might** mogą wyrażać prawdopodobieństwo, przy czym **may** sugeruje odrobinę większe prawdopodobieństwo, że jest tak, jak mówimy, niż **might**.

Must znaczy „musieć" i wyraża konieczność lub przekonanie, że coś musi być prawdą (jest to przekonanie silniejsze niż w wypadku **should**):

You **must** give more thought to this problem. Musisz lepiej przemyśleć ten problem.
They **must** be wrong! Muszą się mylić.
(Na pewno się mylą.)

Jeśli po ułomnym czasowniku posiłkowym stoi grupa czasowników w formie dokonanej (perfektywnej), zdanie może mieć jedno z dwojga następujących znaczeń w zależności od użytego czasownika ułomnego:

– Przypuszczenie:

They **will** have paid the con man. Pewnie zapłacili temu oszustowi.
They **may** have paid the con man. Możliwe, że zapłacili temu oszustowi.
They **might** have paid the con man. Możliwe, że zapłacili temu oszustowi. (mniejszy stopień prawdopodobieństwa niż w zdaniu powyżej)
They **must** have paid the con man. Musieli zapłacić temu oszustowi. (Na pewno zapłacili)
They **can't** have paid the con man. Niemożliwe, żeby zapłacili temu oszustowi.

– Czynność niewykonana w przeszłości:

They **would** have paid the con man. Byliby zapłacili temu oszustowi.
They **could** have paid the con man. Mogli (byli) zapłacić temu oszustowi.
They **should** have paid the con man. Powinni byli zapłacić temu oszustowi.
They **might** have paid the con man. Mogli (byli) zapłacić temu oszustowi.

Jak widać **might** należy do obu grup.

Zamienniki ułomnych czasowników posiłkowych

Ułomne czasowniki posiłkowe, jak sama nazwa wskazuje, nie zachowują się jak czasowniki zwykłe: przede wszystkim nie można do nich dodawać żadnych końcówek. Poza tym czasownik ułomny musi być zawsze pierwszym czasownikiem w zdaniu (bez względu na to, czy jest to zdanie nadrzędne, czy podrzędne) i zawsze stawia się po nim bezokolicznik innego czasownika bez **to**.

We **can** be in France.   Możliwe, że jesteśmy we Francji.

Z tych powodów zastosowanie czasowników ułomnych jest ograniczone, a jeśli pojawi się konieczność użycia ich w formie wymagającej dodania końcówki, trzeba posłużyć się zamiennikami znaczeniowymi:

We **have been able to** get there in time.   Udało nam się dotrzeć tam na czas.
They hoped to **be able to** get there in time.   Mieli nadzieję, że uda im się tam dotrzeć na czas.

Czasownik ułomny	Zamiennik
can, could will, shall may (dla wyrażenia przyzwolenia)	be able to; manage to be going to be allowed to
must should	have to be supposed to

1.5 Czasowniki specjalne

Formy czasownika *be*

Simple Present		Simple Past	
ja jestem	**I am**	ja byłem/byłam	**I was**
ty jesteś	**you are**	ty byłeś/byłaś	**you were**
on/ona/ono jest	**he/she/it is**	on był/ona była/ ono było	**he/she/it was**
my jesteśmy	**we are**	my byliśmy/ byłyśmy	**we were**
wy jesteście	**you are**	wy byliście/ byłyście	**you were**
oni/one są	**they are**	oni byli/one były	**they were**

W języku mówionym często używa się ściągniętych form podmiotu i czasownika **be**:

I am	→	I'm
she is	→	she's
you are	→	you're

I'm here – under the table! Jestem tutaj – pod stołem!
She's very nice. Ona jest bardzo miła.
You're not alone. Nie jesteś sam.

Be jako czasownik zwykły stoi w zdaniu twierdzącym bezpośrednio po podmiocie:

John **is** in the kitchen. John jest w kuchni.
Such problems **are** normal. To są normalne problemy.
Susan **is** an excellent writer. Susan jest doskonałą pisarką.

Be jest czasownikiem specjalnym i nie potrzebuje czasownika posiłkowego do tworzenia przeczeń czy pytań i dawania krótkich odpowiedzi:

Przeczenia:

John **isn't** in the kitchen. Johna nie ma w kuchni.

Pytanie o rozstrzygnięcie:

Is John in the kitchen? Czy John jest w kuchni?

Krótka odpowiedź:

Yes, he **is**. Tak, jest.
No, he **isn't**. Nie, nie ma go.

Pytanie obcięte:

John is in the kitchen, **isn't he**? John jest w kuchni, prawda?

Czasownik **be** jest używany jako czasownik posiłkowy przy tworzeniu strony biernej oraz czasu *Present Continuous*, ale nie czasu *Present Perfect*:

Food **is** prepared here. Jedzenie jest przygotowywane tutaj.
Frank **was** reading. Frank czytał.

There is/There are

Konstrukcji **there is** + rzeczownik w liczbie pojedynczej i **there are** + rzeczownik w liczbie mnogiej używa się, aby stwierdzić obecność lub opisać umiejscowienie rzeczy, zwierząt czy ludzi. W języku polskim odpowiada tej konstrukcji forma „jest" lub „znajduje się":

There is a squirrel in the garden. W ogrodzie jest wiewiórka.
There are squirrels in the garden. W ogrodzie są wiewiórki.

There are twelve months in a year. W roku jest dwanaście miesięcy.

Konstrukcja ta jest najczęściej stosowana w zdaniach, które wymagają zasygnalizowania obecności lub położenia bliżej nieokreślonego przedmiotu, osoby itp. To oznacza, że po **there is/there are** zwykle nie używa się przedimka określonego, zaimków wskazujących czy nazw własnych.

There was a stranger at the party. Na imprezie był jakiś nieznajomy.

There is/there are można także używać przy wyliczaniu:

Pytanie:

What chores do you still have to do? Co masz jeszcze do zrobienia?

Odpowiedź:

Well, **there's** the washing and the ironing. Then **there are** the dishes. No cóż, zostało jeszcze pranie i prasowanie. A potem jeszcze naczynia.

Tutaj – wyjątkowo – po konstrukcjach **there's** oraz **there are** użyto przedimka określonego, jako że „pranie" to po angielsku „the washing", a „naczynia" to „the dishes". W tym wypadku niemożliwe jest użycie przedimka nieokreślonego lub całkowite jego pominięcie.

Have i *have got*

Simple Present	
ja mam	**I have**
ty masz	**you have**
on/ona/ono ma	**he/she/it has**
my mamy	**we have**
wy macie	**you have**
oni/one mają	**they have**

Forma czasu przeszłego od **have** to **had**. Jest ona taka sama dla wszystkich osób.

Zastosowanie

Have można używać tak jak czasownika zwykłego. **Have** znaczy generalnie „mieć, posiadać", np.:

The Smiths **have** a yellow car. Państwo Smith mają żółty samochód.

Zamiast **have** w tym znaczeniu można użyć **have got**, ale jest to na ogół możliwe tylko w czasie teraźniejszym:

The Smiths **have got** a yellow car.
Państwo Smith mają żółty samochód.

W amerykańskim angielskim **have got** uznawane jest za formę potoczną i nie jest używane w sytuacjach formalnych.

Przeczenia i pytania

Nie ma zgody co do tego, jak tworzyć przeczenia i pytania od **have**: czy użyć czasownika posiłkowego **do**, czy traktować samo **have** jako czasownik posiłkowy.

Możliwość 1: have jako czasownik posiłkowy:

They **haven't** a bicycle. Nie mają roweru.
Have you a car? Czy masz samochód?

Tworzenie pytań i przeczeń w taki sposób jest proste, ale stosunkowo rzadko stosowane. W amerykańskim angielskim takie użycie **have** spotyka się tylko w kilku utrwalonych zwrotach i w innych kontekstach brzmi ono dziwnie. W brytyjskim angielskim używanie **have** jak czasownika posiłkowego jest coraz rzadsze – popularne głównie wśród osób starszych oraz w języku oficjalnym.

Możliwość 2: have jako czasownik zwykły:

Ta możliwość jest powszechnie wykorzystywana w amerykańskim angielskim. W tym wypadku do tworzenia przeczeń i pytań należy zastosować odpowiednią formę czasownika **do**:

They **don't have** a bicycle. Nie mają roweru.
Do you **have** a car? Masz samochód?

Możliwość 3: have got zamiast **have**

They **haven't got** a bicycle. Nie mają roweru.
Have you **got** a car? Masz samochód?

Ta możliwość wykorzystywana jest często we współczesnym brytyjskim angielskim, szczególnie w mowie potocznej. W amerykańskim angielskim forma ta nie jest stosowana w języku oficjalnym: zamiast niej stosuje się wtedy możliwość 2.

Inne znaczenia *have*:

Have może także mieć inne znaczenia:

We **have** breakfast at 8:00. Jemy śniadanie o 8:00.
I **had** a cup of coffee. Wypiłam filiżankę kawy.
Lisa is **having** a baby. Lisa oczekuje dziecka.
Keith **had** a smoke. Keith sobie zapalił.

Jeżeli **have** występuje w jednym z powyższych znaczeń, to do tworzenia przeczeń i pytań trzeba użyć zasady opisanej w możliwości 2.

Did they **have** breakfast with you? Czy zjedli z tobą śniadanie?

I **didn't have** a cup of coffee. Nie wypiłem filiżanki kawy.
Keith **didn't have** a smoke. Keith sobie nie zapalił.

Do

Simple Present	
ja robię	**I do**
ty robisz	**you do**
on/ona/ono robi	**he/she/it does**
my robimy	**we do**
wy robicie	**you do**
oni/one robią	**they do**

Forma czasu przeszłego czasownika **do** to **did**. Jest ona taka sama dla wszystkich osób.

Zastosowanie

Do jest nie tylko „specjalnym czasownikiem posiłkowym", ale może także funkcjonować jako czasownik zwykły np. w znaczeniu „robić":

The children **did** their Dzieci odrobiły zadanie
homework. domowe.
What are you **doing**? Co robisz?

Czasem w zdaniu z czasownikiem zwykłym **do** trzeba także użyć **do** w odpowiedniej formie jako słowa posiłkowego, a więc może się zdarzyć, że w jednym zdaniu **do** wystąpi dwa razy.

The children **didn't do** their Dzieci nie odrobiły zadania
homework. domowego.
Do they usually **do** it in the Czy zazwyczaj robią to
afternoon? popołudniu?

Get

Get jest jednym z najczęściej używanych słów w mowie potocznej. W zależności od kontekstu może mieć wiele znaczeń. Jego podstawowe znaczenie to „dostawać", „otrzymywać":

I **got** a watch for my birthday. Dostałem zegarek na urodziny.
How much **did** you **get** for Ile dostałeś za swój stary
your old car? samochód?

Get może też znaczyć „stawać się", „robić się" albo „zaczynać":

It **gets** hot here in summer. W lecie robi się tutaj gorąco.
It **was getting** dark. Zaczynało się ściemniać.
We **are getting** tired. Zaczynamy się czuć zmęczeni.

A oto inne przykłady użycia **get**:

We finally **got** the door W końcu udało nam się otworzyć
open. drzwi.

I couldn't **get** the cat down from the tree.	Nie mogłam ściągnąć kota z drzewa.
At what time did you **get** home?	O której godzinie dotarliście do domu?
Do you think he'll **get** elected?	Myślisz, że zostanie wybrany?

Be used to i *get used to*

Konstrukcja **be used to** oznacza „być przyzwyczajonym do":

| She's **used to** the noise. | Jest przyzwyczajona do hałasu. |
| Ms. Thompson **is used** to teaching large classes. | Pani Thompson jest przyzwyczajona do uczenia licznych klas. |

Get used to tłumaczy się jako „przyzwyczaić się do":

She **got used to** the noise quickly.	Szybko przyzwyczaiła się do hałasu.
I can't **get used to** English pronunciation.	Nie mogę się przyzwyczaić do angielskiej wymowy.
Ms. Thompson **is getting used to** teaching large classes.	Pani Thompson zaczyna się przyzwyczajać do uczenia licznych klas.

Jak widać z przykładów, po obu konstrukcjach można postawić w zdaniu grupę rzeczownikową lub czasownik z końcówką **-ing**.

Ćwiczenia

1.1 Czasowniki zwykłe

*1. Poniższe czasowniki podziel na regularne oraz nieregularne. Podaj formę z **-ed** dla czasowników regularnych oraz obie formy czasowników nieregularnych.*

be	believe	buy	carry	come	cut
die	do	drive	dry	eat	fall
feel	fly	forget	get	give	go
grow	hate	have	help	introduce	invite
live	look	love	make	meet	pass
pay	play	prefer	put	refuse	repair
see	seem	set	sing	sit	sleep
speak	stay	swim	take	tell	think
use	watch				

czasowniki regularne	czasowniki nieregularne
abandon – abandoned	arise – arose – arisen *pojawiać się*

1.2 *Tenses* – czasy gramatyczne

*2. Podane w nawiasach czasowniki wstaw w odpowiedniej formie czasu **Simple Present** lub **Present Continuous**.*

1. Please, be quiet! I .... (read) a book.
2. Look! The sun .... (shine) again.
3. The sun .... (rise) in the east and .... (set) in the west.
4. What .... you .... (do)? I'm looking for my keys.
5. What .... you .... (do)? I'm a biology teacher.
6. He .... (watch) TV every night.

7. What time .... you usually .... (get up)?
8. Normally, I .... (go) to work by car, but today I .... (go) by bus – my car is at the garage.
9. At present we .... (not need) any other employees.
10. Although he's got a posh car, he .... (use) his mother old Chevy this week. I wonder why?

*3. Podany w nawiasie czasownik użyj w odpowiedniej formie czasu **Simple Past** lub **Present Perfect**.*

1. I .... (eat) two apples today.
2. How many apples .... you .... (eat) yesterday?
3. He .... (just go) out.
4. He .... (go) out five minutes ago.
5. I .... (never be) in Paris.
6. .... King Henry VIII ever .... (go) to Paris?
7. She .... (break) her arm. It's in plaster.
8. She .... (break) her arm when she was skiing in the Dolomites.
9. Mrs Wilson .... (die) in 1987.
10. .... it .... (stop) raining?
    Yes, it .... (stop) an hour ago.
11. I .... (just clean) the floor. It's still wet.
12. I .... (lose) my passport.
13. .... you .... (check) this drawer? – Yes, I ....
14. The Second World War .... (begin) in 1939.
15. .... you .... (finish) reading this book?

*4. Podane w nawiasach czasowniki wstaw w odpowiedniej formie, używając czasu **Simple Past** lub **Past Continuous**.*

1. We .... (watch) a comedy on TV when my best friend .... (phone) to tell us she was getting divorced.
2. When I .... (hear) the news I .... (start) to cry.
3. I .... (run) down the hill, ... (think) about work when I suddenly .... (stop). A huge lorry was blocking my way.
4. When .... you .... (go) on your first date?
5. Who .... you .... (talk to) when I .... (arrive)?
6. I suddenly .... (realise) that I .... (walk) in the wrong direction.
7. When she .... (look for) her credit card, she .... (find) an old school photograph.
8. I .... (find) this old book while I .... (clean) the attic. Who .... it .... (belong) to?
   – Maybe your great-grandfather.

9. She .... (live) there at the time of the catastrophe.
10. I .... (stop) the car because the light .... (be) red.
11. He .... (lose) his documents when he .... (run) away.
12. I .... (have) breakfast at 8:00.
13. I .... (have) breakfast when she .... (arrive).
14. I went to my children's room to see what they .... (do). Inga .... (climb) up her bunk bed and Dagna .... (tear) apart my passport.

*5. Podane w nawiasach czasowniki wstaw w odpowiedniej formie, używając **czasów przyszłych**, **teraźniejszych** w znaczeniu przyszłym, lub konstrukcji **be going to**.*

1. I .... (feed) your dog when you're away, I promise.
2. This time next week I .... (sit) on a train to Paris.
3. Look out! You .... (trip) over that cable.
4. When .... the play .... (start)?
5. I .... (have) my hair cut tomorrow morning.
6. .... you .... (tell) Jane to turn that awful music off?
7. Perhaps we .... (manage) to get there in time.
8. Mary's in hospital with pneumonia.
   I'm sorry to hear that. I .... (visit) her tomorrow.
9. What are you carrying those keys for?
   I .... (open) the shed and take out my bicycle.
10. Don't ring me at 7 o'clock. I .... (give) my baby a bath.
11. Can I borrow you car, Dad?
    Yes, sure. I .... (not use) it today.
12. It .... (rain). Look at these dark clouds.
13. I'm sure you .... (like) my boyfriend.
14. Oh no! I forgot my keys. I .... (have to) wait for my mum.
15. The children .... (sleep) when we get home.
16. I .... (see) my doctor this afternoon.

6. Czasowniki w nawiasach wstaw w odpowiedniej formie czasu:
Simple Present, **Present Continuous**, **Simple Past** *lub* **Past Continuous**.

Mr Hamilton (1) .... (work) for Power Tools – a company which (2) .... (produce) cutting and drilling tools and (3) .... (export) them worldwide. The company (4) .... (be) based in Birmingham and that's where Mr Hamilton (5) ....

(live) However, his job (6) .... (require) a lot of travelling. Last week he (7) .... (go) to London for two days and two weeks ago, he (8) .... (travel) to Belgium. At the moment Mr. Hamilton (9) .... (sell) chain saws in France, while his wife and two children (10) .... (stay) at Mrs Hamilton's parents. They (11) .... (also stay) there while Mr Hamilton (12) .... (go) to America last month. Actually, they (13) .... (visit) the old couple at least twice a month.

7. Ułóż zdania używając wyrazów w nawiasach.

Przykład: *I was tired. (I/clean/the whole house)*
I had cleaned the whole house.

1. Tina wasn't hungry. (she/just eat/her dinner)
   ....
2. The man was a complete stranger to me. (I/not see him/before)
   ....
3. Luke finally passed his driving test. (he/fail/6 times/before)
   ....
4. I was late. (my car/break down)
   ....
5. Susie was no longer there. (she/already/leave)
   ....

8. Zakreśl prawidłową formę czasownika.

Police .... (1) three men who .... (2) after a home-made bomb .... (3) on February 15th in their flat near Luton airport, London. The men, aged 24, 29 and 35 are Italian. All the neighbouring properties .... (4) and people began returning to their homes on Monday night after the area .... (5) safe. No other dangerous materials .... (6). Police .... (7) there were no links between the men and any organisations but they couldn't give any further details.	1. have released/have been released 2. arrested/were arrested 3. found/was found 4. evacuated/were evacuated 5. declared/was declared 6. found/were found 7. said/was said

9. Zamień poniższe zdania na stronę bierną.

Przykład: *Somebody painted this house last week.*
This house was painted last week.

1. Somebody has discovered oil in this valley.
   ....

2. Something ran over Peter's cat.
   ....

3. Somebody broke into my house at the weekend.
   ....

4. People export different types of exotic fruit from Africa.
   ....

5. People will build a new road here.
   ....

10. Zamień poniższe zdania na stronę bierną.

Przykład: *They say he is armed.*
He is said to be armed.

1. People say that he has a lot of money.
   He ....
2. People consider him unreliable.
   He ....
3. Everybody knew Jack was in Asia.
   Jack ....
4. People believe that Martha is a good mother.
   Martha ....
5. Everybody says Mr Murphy is a friend of the president.
   Mr Murphy ....

1.3 *Auxiliaries* – czasowniki posiłkowe

11. Utwórz pytania do podanych zdań twierdzących.

Przykład: *She's twelve.*   **Is she twelve?**

1. He wants to borrow your car. ....
2. She had an accident. ....
3. This luggage belongs to him. ....
4. It happened yesterday. ....
5. We've been there before. ....
6. Arthur woke up at seven. ....
7. You will find the answers at the back. ....
   ....
8. Sarah opened the door and came in. ....
   ....

12. Utwórz przeczenia i pytania oraz udziel krótkiej odpowiedzi przeczącej i twierdzącej na poniższe zdania.

Przykład: *I have seen that film before.*
I haven't seen that film before.
Have I seen that film before?
Yes, I have.
No, I haven't

1. She's having an appointment with her dentist tomorrow.
   ....
   ....
   ....
   ....
2. Alex speaks Italian.
   ....
   ....
   ....
   ....
3. I played football yesterday.
   ....
   ....
   ....
   ....
4. The match had been cancelled.
   ....
   ....
   ....
   ....
5. He's been ill recently.
   ....
   ....
   ....
   ....

*13. Dopisz brakujące **question tags**.*

   Przykład: *We've met before, **haven't we**?*

   1. You won't tell her, ...?
   2. I should work harder, ...?
   3. He can't speak German, ...?
   4. Don't talk to me like that, ...?
   5. She had been there before, ...?
   6. Mr Scott was born in 1966, ...?
   7. Ann lives in Canada, ...?
   8. She will arrive soon, ...?
   9. We are working overtime today, ...?
   10. Neo doesn't paint any more, ...?
   11. You bought your car here, ...?
   12. Pamela didn't recognise me, ...?

1.4 *Modal Auxiliary Verbs* – czasowniki modalne

14. Zaznacz prawidłową odpowiedź.

1. You needn't have shouted. I .... hear you quite well.
   - ❏ can
   - ❏ can't
   - ❏ could
   - ❏ couldn't
2. I .... finish painting the living room although I've been working all weekend.
   - ❏ wasn't able
   - ❏ haven't been able to
   - ❏ could
   - ❏ can
3. If we don't leave now we .... catch the last bus home.
   - ❏ can't
   - ❏ are not able to
   - ❏ couldn't
   - ❏ won't be able to
4. My grandfather .... speak four languages.
   - ❏ was able to
   - ❏ could
   - ❏ will be able to
   - ❏ have been able to
5. .... play any musical instruments?
   - ❏ Have you been able to
   - ❏ Were you able to
   - ❏ Are you able to
   - ❏ Can you
6. Janet .... be able to see you tomorrow. She has a dentist' appointment.
   - ❏ may not
   - ❏ might
   - ❏ may
   - ❏ cannot
7. Remember: this .... be your last chance. Don't let it slip.
   - ❏ must
   - ❏ can't
   - ❏ may
   - ❏ couldn't
8. I .... be able to go to the cinema if I borrow some money from my mum.
   - ❏ might
   - ❏ might not
   - ❏ may not
   - ❏ couldn't
9. Where's Jill? She .... be having lunch.
   - ❏ was able to
   - ❏ may
   - ❏ may not
   - ❏ mustn't
10. You .... take photographs in this museum – it's forbidden.
    - ❏ are not able to
    - ❏ might not
    - ❏ must
    - ❏ mustn't

15. Połącz podane fragmenty zdań. Użyj tabelki na końcu ćwiczenia.

1. If you don't understand a word
2. If you have a toothache
3. If you feel cold
4. If you are so tired
5. If you are afraid of flying
6. If you haven't seen this film

A. you should put on a jumper.
B. you should watch it.
C. you should have a rest.
D. you should get up earlier.
F. you should see your dentist.
G. you should take a train.

7. If you can't get to work on time   E. you should look it up in a dictionary.

1	2	3	4	5	6	7

*16. Uzupełnij poniższą rozmowę czasownikiem **may** lub **may not**.*

Alan: Are you going to Italy next week?
Sheila: I don't know yet. I ....(1) go but I still haven't got plane tickets. I ....(2) be able to get a flight, there are only five days left.
Alan: What will you do if you can't get a ticket?
Sheila: I ....(3) decide to go by train or coach or I ....(4) stay here for my holiday.
Alan: I would go anyway if I were in your shoes. You .... (5) get another opportunity.

17. Napisz, co musiałeś, a czego nie musiałeś robić jako dziecko; użyj **I had to** *lub* **I didn't have to**.

Przykład: .... **I had to** .... *listen to my parents.*

1. .... do a lot of homework.
2. .... take care of my younger sister/brother.
3. .... go to bed before eight p.m.
4. .... have short hair.
5. .... go to school on Saturdays.
6. .... take school books home with me.
7. .... keep my room tidy.

18. Uzupełnij zdania według przykładu.

Przykład: *You .... (should/stay) a bit longer. My mother was disappointed.*

You should have stayed a bit longer. My mother was disappointed.

1. Have you heard the tragic news? Mark had an accident. He .... (might/be killed).
2. John Kennedy .... (can't/meet) Mark Twain. He was born after Twain died.
3. She .... (must/see) the film before. She knew most of the story.
4. You were lucky you passed the driving test. You made so many mistakes that you .... (could/fail).
5. I .... (should/take) more food. We were starving the whole weekend.

6. He .... (can't/translate) the letter himself because he doesn't know any German.
7. Dennis .... (must/pay) a lot of money for his car. It looks very expensive.
8. How do you think the row started? Mike .... (might/say) something rude to Alison.
9. She .... (couldn't/go) to a pet shop. She's allergic to cats and dogs.
10. I .... (ought to/phone) Ann before I visited her. She wouldn't have been angry then.

1.5 Czasowniki specjalne

*19. Wstaw czasownik **to be** w odpowiedniej formie.*

1. Melissa .... a doctor.
2. Who .... you?
3. I .... born in 1970.
4. Grace and Carol .... my best friends at school.
5. Where .... my wallet? I can't find it anywhere.
6. He .... seven when his parents decided to move away from London and buy a house in the countryside.
7. Where .... you yesterday at 8.00?
8. When .... this castle built?

20. Utwórz pytania od podanych zdań.

Przykład: *I have two sisters.* **Do you have two sisters?**
I have already had lunch. **Have you already had lunch?**

1. We had dinner at 6.00.
   ....
2. Mia has a nice flat in Berlin.
   ....
3. I have been to London twice before.
   ....
4. They had never seen anything like that.
   ....
5. She had suffered a lot.
   ....
6. Thomas has a Japanese wife.
   ....
7. I have a good idea.
   ....
8. I'm having my hair cut tomorrow.
   ....

2 *Prepositions* – przyimki

2.1 Przyimki czasu

– Czas zegarowy wyraża się za pomocą przyimka **at**:

I'll be home **at** seven. — Będę w domu o siódmej.
We had lunch **at** noon. — Zjedliśmy obiad o dwunastej w południe.

– **Morning**, **afternoon** i **evening** wymagają przyimka **in**, po którym stosuje się przedimek określony **the**:

Stretch before you get up **in the morning**. — Przeciągnij się, zanim wstaniesz rano z łóżka.
The children always play **in the afternoon**. — Dzieci zawsze bawią się popołudniu.
In the evening we went out. — Wieczorem wyszliśmy.

– Słowo **night** najczęściej łączy się z przyimkiem **at** i nie jest poprzedzone żadnym przedimkiem:

Owls hunt **at night**. — Sowy polują nocą.
My friend Steve works **at night**. — Mój przyjaciel Steve pracuje nocą.

– **Morning** i **night**: użycie

Chociaż mówiąc ogólnie o okresie od północy do poranka, używa się słowa **night**, to w odniesieniu do konkretnej godziny nad ranem trzeba powiedzieć **morning**:

They called at **three in the morning**. — Zadzwonili o trzeciej nad ranem.
Two in the morning is in the middle of the night. — Druga nad ranem to środek nocy.

Night jest także częstym odpowiednikiem polskiego słowa „wieczór":

What did you do **last night**? — Co robiliście wczoraj wieczorem?
When I get home **at night**, I make dinner. — Kiedy przychodzę wieczorem do domu, robię obiad.

Nazwy dni tygodnia wymagają użycia przyimka **on**:

I have an appointment **on Wednesday**. — Jestem umówiona na spotkanie w środę.
Most museums are closed **on Mondays**. — Większość muzeów jest zamknięta w poniedziałki.

Przyimek **on** można jednak czasem pominąć w języku potocznym:

I have an appointment **Wednesday**. — Jestem umówiona na spotkanie w środę.

Most museums are closed **Mondays**.
Większość muzeów jest zamknięta w poniedziałki.

 W brytyjskim angielskim mówi się **at the weekend**, a w amerykańskim angielskim **on the weekend** („podczas weekendu").

Mówiąc o świętach, używa się najczęściej przyimka **on**:

We get half the day off **on Christmas Eve**.
W Wigilię Bożego Narodzenia dostajemy pół dnia wolnego.

Many people go to church at sunrise **on Easter**.
Wiele osób idzie na Wielkanoc do kościoła o wschodzie słońca.

Przyimki **at** lub **over** użyte w tym kontekście wskazują, że coś nie wydarzyło się w dany dzień świąteczny albo dni świąteczne, ale generalnie, w okresie świąt:

I saw my aunt and uncle **at Christmas**.
Widziałem ciocię i wuja w święta Bożego Narodzenia.

I'm flying home **over Easter**.
W czasie Wielkanocy lecę do domu.

Nazwy miesięcy i pór roku wymagają użycia przyimka **in**:

It happened **in July**.
To się wydarzyło w lipcu.

The neighbours barbecued every day **in August**.
Sąsiedzi organizowali grilla codziennie przez cały sierpień.

In winter we need to heat the house.
W zimie musimy ogrzewać dom.

In używa się także, mówiąc o roku, w którym coś się wydarzyło:

In 1492 Columbus discovered America.
W 1492 roku Kolumb odkrył Amerykę.

Sales figures fell **in** 1996.
Sprzedaż spadła w 1996 roku.

Polskie „podczas", „w czasie" wyraża się generalnie za pomocą przyimka **during**:

I fell asleep **during** the opera. Zasnąłem w czasie opery.
She arrived **during** the winter. Przyjechała w czasie zimy.

Wyrażenie „przez cały/całą/całe" tłumaczy się na angielski przyimkiem **throughout**:

The postal service is very busy **throughout** the Christmas.
Poczta ma dużo roboty przez cały okres Bożego Narodzenia.

Evergreens stay green **throughout** the year.
Rośliny zimozielone są zielone przez cały rok.

W wypadku słów **day**, **night**, **month**, **year** można wyrazić to samo, poprzedzając je **all**:

The cats sang outside my window **all night**.
Koty miauczały pod moim oknem przez całą noc.

Evergreens stay green **all year**.
Rośliny zimozielone są zielone przez cały rok.

For wskazuje na to, jak długo coś trwało:

Nigel and Joo didn't talk to each other **for a year**.
Nigel i Joo nie odzywali się do siebie przez rok.

They worked **for five more hours**.
Pracowali jeszcze przez pięć godzin.

Przyimek **before**, którego polskim odpowiednikiem jest „przed", wskazuje, że coś zdarzyło się przed określonym momentem w przeszłości:

Before the flood we lived in the valley.
Przed powodzią mieszkaliśmy w dolinie.

We had to get up **before daybreak**.
Musieliśmy wstać przed świtem.

Jeśli chcemy odnieść się do pewnego okresu, przed którym coś się wydarzyło, użyjemy przyimka **ago**, którego polskim odpowiednikiem jest „... temu":

We met six years **ago**.
Poznaliśmy się sześć lat temu.

Three days **ago** my car broke down.
Trzy dni temu zepsuł mi się samochód.

2.2 Przyimki miejsca

Najczęściej używane przyimki określające miejsce to **in** – „w" i **on** – „na":

> We stayed **in** New York. Mieszkaliśmy w Nowym Jorku.
> There's a frog **on** my desk. Na moim biurku jest żaba.

Trzeba odróżniać **on** („na") od **at** („przy", „w"):

> We all sat down **on** the table. Wszyscy usiedliśmy na stole.
> We all sat down **at** the table. Wszyscy usiedliśmy przy stole.

At używa się, aby opisać obecność kogoś w sklepie, instytucji, budynku albo na imprezie:

> I ran into Ralph **at** the pharmacy. Spotkałam Ralpha w aptece.
> The adults are **at** the circus, but the children are **at** the museum. Dorośli są w cyrku, a dzieci są w muzeum.
> Who was **at** the party? Kto był na imprezie?
> I often stay **at** home. Często siedzę w domu.

Pewne trudności może sprawić wybór **at** lub **in**. Trzeba pamiętać, że o ile **at** używa się, mówiąc o instytucjach, **in** stosuje się w odniesieniu do budynku czy budowli (np. takiej, w której mieści się dana instytucja):

> When Alice was ill, she was **at** the hospital. Kiedy Alice była chora, była w szpitalu.
> When Alice was ill, I visited her **in** the hospital. Kiedy Alice była chora, odwiedzałem ją w szpitalu.

Przyimek **by** oznacza „bardzo blisko", „zaraz koło":

> Vera lives **by** Jonathan. Vera mieszka zaraz koło Jonathana.

Near odnosi się do nieco większej odległości i może być wyrażone po polsku jako „niedaleko", „koło":

> Newark is **near** New York City. Newark leży niedaleko Nowego Jorku.
> There's a telephone booth **near** the church. Koło kościoła jest budka telefoniczna.

2.3 Przyimki kierunku

Przyimki **into** i **onto** służą jednoznacznie do określenia kierunku:

> Our rabbit jumped **into** a hole. Nasz królik wskoczył do dziury.
> Jeff got **into** trouble. Jeff wpakował się w kłopoty.
> He jumped **onto** the table. Wskoczył na stół.

Czasem **into** i **onto** można zastąpić **in** i **on**:

> We got **in/into** the car. Wsiedliśmy do samochodu.

She put chocolate **in/into** the cake.	Dodała czekoladę do ciasta.

To wskazuje na kierunek, w którym się idzie, jedzie, leci itd.:

We went **to** the supermarket.	Pojechaliśmy do supermarketu.
Let's go **to** Switzerland!	Jedźmy do Szwajcarii!

Przyimek **to** często wskazuje, komu się coś wręcza, opowiada itd. W polskim tłumaczeniu nie wyraża się go wtedy przyimkiem, lecz rzeczownikiem w dopełniaczu (komu? czemu?):

The librarian showed the books **to** the visitor.	Bibliotekarka pokazała gościowi książki.
She explained the problem **to** me.	Wyjaśniła mi ten problem.
They recommended a cheap restaurant **to** us.	Polecili nam tanią restaurację.

Wyrażenie **go to** (**someone**) oznacza „pójść do" osoby, a nie do miejsca, gdzie ona mieszka:

I **went to** Mary and told her the story.	Poszedłem do Mary i opowiedziałem jej tę historię.

From opisuje z jakiego miejsca czy kierunku ktoś lub coś jest lub przybywa:

Kyle is **from** Athens, Georgia.	Kyle pochodzi z Athens w Georgii.
We drove **from** the bank to the restaurant next door.	Pojechaliśmy z banku do restauracji obok.

From stosuje się także do określenia odległości:

Oakville is five miles **from** here.	Oakville jest pięć mil stąd.
It's four inches **from** the doorframe to the wall.	Od framugi drzwi do ściany są cztery cale.

Przyimek **of** może mieć wiele znaczeń. Przede wszystkim w języku pisanym **of** służy do tworzenia dopełniacza z rzeczownikami nieżywotnymi albo z żywotnymi, jeśli określa je zdanie względne lub grupa rzeczownikowa. Zastępuje w tym wypadku dopełniacz w postaci dodanej do rzeczownika końcówki **-s** po apostrofie lub samego apostrofu:

Forma dopełniacza:

the funny young man**'s** favorite aunt	ulubiona ciotka śmiesznego młodego człowieka
Tom**'s** advice	rada Toma

Konstrukcja z **of**:

the favorite aunt **of** the man wearing a silk suit	ulubiona ciotka mężczyzny w jedwabnym garniturze
the advice **of** a stranger	rada nieznajomego

Ważną funkcją **of** jest określanie przynależności lub przyporządkowania:

An association **of** scientists was having a meeting.	Towarzystwo naukowców miało zebranie.
The man was standing naked on the roof **of** the house.	Mężczyzna stał nagi na dachu domu.

Of używane jest także w wyrażeniach określających ilość i objętość:

a pinch **of** salt	szczypta soli
a box **of** matches	pudełko zapałek
a glass **of** water	szklanka wody
I ate a bowl **of** soup, a slice **of** bread, and a can **of** beans, and two big glasses **of** juice.	Zjadłam talerz zupy, kromkę chleba, puszkę fasolki i wypiłam dwie duże szklanki soku.

Of używa się także we frazach **a pair of** i **a couple of**.

Pair oznacza po polsku tyle co „para" (a więc dwa dobrane przedmioty lub dwie osoby):

Rennie bought **a pair of** socks.	Rennie kupiła parę skarpetek.
We need **a pair of** scissors.	Potrzebna nam jest para nożyczek.
They made **a** pretty **pair**.	Była z nich ładna para.

Couple to także „dwa/dwie/dwoje", ale związek między „dwójką" tworzącą **couple** nie jest już tak ścisły jak w wypadku **pair**.
Fraza **a couple of** oznacza często „kilka", „parę":

They gave him **a couple of** socks, but they don't make a pair.	Dali mu dwie skarpetki, ale są one nie do pary.
Rennie bought **a couple of** books.	Rennie kupiła kilka książek.
They are **a couple**.	Są parą.

Przyimek **of** często zaczyna grupę wyrazową określającą poprzedzający ją rzeczownik:

The *defeat* **of** the army worried the dictator.	Klęska armii zmartwiła dyktatora.
The *classification* **of** bats is a difficult business.	Klasyfikacja nietoperzy to trudna rzecz.
The *baking* **of** cookies leads to overeating.	Pieczenie ciasteczek prowadzi do obżarstwa.

Of używa się, podając przyczynę czyjejś śmierci:

My grandmother died **of** old age.	Moja babcia zmarła ze starości.
The drug addict died **of** an overdose.	Narkoman zmarł z powodu przedawkowania narkotyków.

Przyimek **by** stosuje się, by wprowadzić autora dzieła czy wykonawcę jakiejś czynności:

    I'm reading an exciting   Czytam bardzo ciekawą książkę
      book **by** Stanisław Lem.   Stanisława Lema.
    Who's the article **by**?   Kto napisał ten artykuł?

Przyimki złożone

Nieliczne przyimki składają się z dwóch lub więcej słów. Należą do nich między innymi:

because of	z powodu
in spite of	pomimo, mimo
instead of	zamiast
out of	z
from under	spod

The game was cancelled   Mecz odwołano z powodu śnieżycy.
  because of the snowstorm.
In spite of their promise,   Mimo obietnicy źle się zachowywali.
  they behaved badly.
Clint came **out of** the   Clint wyszedł z łazienki na wpół
  bathroom half dressed.   rozebrany.
Betsy crawled out **from**   Betsy wyczołgała się spod łóżka.
  under the bed.

Ćwiczenia

2.1 Przyimki czasu

*21. Uzupełnij zdania przyimkami **at**, **on** lub **in**.*

1. I went to Paris .... New Year's Eve.
2. My birthday is .... June.
3. We visited my parents .... Easter Monday.
4. I woke up .... the morning with a terrible headache.
5. My grandfather was born .... 1907.
6. The train leaves .... a quarter past six.
7. It's so cold here .... night that I can barely sleep.
8. The course starts .... autumn.
9. Are you doing anything special .... the weekend?
10. She came home .... midnight and her father was furious.

22. Zaznacz prawidłową odpowiedź.

1. I didn't hear anything as I slept very soundly ... all night.
   ❑ during   ❑ throughout   ❑ for   ❑ -
2. I put Betsy up ... the night.
   ❑ during   ❑ throughout   ❑ for   ❑ -
3. She woke up several times ... the night.
   ❑. during   ❑ throughout   ❑ for   ❑ -
4. I have to take this medicine at regular intervals ... the night.
   ❑ during   ❑ throughout   ❑ for   ❑ -
5. His condition was critical and he died ... the night.
   ❑ during   ❑ throughout   ❑ for   ❑ -
6. Ann went to London ... a year.
   ❑ during   ❑ throughout   ❑ for   ❑ -

2.2 Przyimki miejsca

*23. Uzupełnij zdania przyimkami **at**, **on** lub **in**.*

1. She lives .... the third floor of that tall building over there.
2. The children are already .... bed.
3. Is Meg .... work?
   I don't think so. She's .... home, I suppose.
4. I don't go to work at weekends. I stay .... home and work .... the garden.
5. Have you read her article .... this month's magazine.
6. The children were jumping .... their bed and throwing pillows .... each other.
7. I saw Brian .... the football match yesterday.
8. Mabel lives .... Birmingham.

9. There were many people ……….. the party.
10. The book you are looking for is ……….. the top shelf.

2.3 Przyimki kierunku

24. Przekreśl nieprawidłowy przyimek.

Przykład: *Put it on/onto the table.*
The town is situated on/~~onto~~ the River Thames.

1. The cat is sitting on/onto the roof.
2. I put my hands in/into my pockets and whistled.
3. Get in/into the car!
4. Susie's in/into the garden.
5. The boy jumped on/onto the rock and waved to his mother.
6. I downloaded the software on/onto my disc.

25. Zakreśl właściwą odpowiedź.

1. I bought a couple of/a pair of CDs yesterday.
2. She packed a couple of/a pair of jeans, two T-shirts and a skirt.
3. We met a nice married couple/pair from Istanbul.
4. I need a pair/couple of new glasses.
5. I found a couple of/a pair of socks in the laundry basket but there were no matching couples/pairs there.
6. We often do exercises in pairs/couples.

26. Wpisz właściwy przyimek złożony.

| because of | from under | in spite of | instead of | out of |

1. The match was played ………………………….. the rain.
2. The match was called off ……………………….. the rain.
3. I swept 10 quid ……………….. the cupboard.
4. She's …………………….. work at the moment.
5. He didn't want to go to the concert so I went ……………………….. him.

3 *Phrasal Verbs* – czasowniki frazowe

Phrasal Verb składa się z czasownika i przyimka bądź czasownika i partykuły przysłówkowej. Przyimek może zostać oddzielony od czasownika okolicznikiem, ale nie dopełnieniem bliższym; może również występować przed zaimkiem względnym. Natomiast partykuła może zostać oddzielona od czasownika dopełnieniem bliższym, ale nie okolicznikiem; nie może także występować przed zaimkiem względnym. Naturalnie niełatwo jest odróżnić przyimek od partykuły, szczególnie że w zależności od zdania to samo słówko może pełnić każdą z tych funkcji.

Przyimek:

The woman pushed the stroller slowly **up** the street.   Kobieta powoli pchała wózek ulicą.

Partykuła:

The woman looked **up** the telephone number.   Kobieta sprawdziła numer telefoniczny.
The woman looked the telephone number **up**.   Kobieta sprawdziła numer telefoniczny.

Określenie czasownik frazowy może odnosić się także do połączenia czasownika z więcej niż jednym elementem. Możliwe są następujące zestawienia:

czasownik + partykuła
czasownik + partykuła + grupa rzeczownikowa
czasownik + przyimek + grupa rzeczownikowa
czasownik + partykuła + przyimek + grupa rzeczownikowa

Co najważniejsze czasownik frazowy, a więc połączenia czasownika z partykułą bądź przyimkiem, stanowią nierozerwalne jednostki znaczeniowe: nie należy próbować tłumaczyć osobno czasownika, a osobno przyimka bądź partykuły.

Połączenie czasownik + partykuła

come along	towarzyszyć, przyjść (przybyć) z kimś
get in	wsiąść
get on	wsiąść
get up	wstać (z pozycji leżącej/siedzącej do stojącej)
go along	towarzyszyć, iść (jechać) z kimś
go away	odejść, wyjechać
go back	wrócić
grow up	dorosnąć
make up	pogodzić się
run away	uciec
sit down	usiąść
take off	wystartować (o samolocie)
wake up	obudzić się

Partykuła występuje bezpośrednio po czasowniku:

I have to get **up** so early every morning! — Muszę tak wcześnie wstawać co rano!

The others wanted to go to the party without me, but I went **along** anyway. — Chcieli iść na imprezę beze mnie, ale i tak z nimi poszłam.

The unhappy teenager ran **away** from home. — Nieszczęśliwy nastolatek uciekł z domu.

Połączenie czasownik + partykuła + grupa rzeczownikowa

bring along	przynieść (przyprowadzić) ze sobą
bring back	odnieść
call off	odwołać
call up	zadzwonić *AmE*
let in	wpuścić
look up	sprawdzić (np. w słowniku)
make up	wymyślić
pick up	odbierać (np. z lotniska)
put on	zakładać (ubranie)
ring up	zadzwonić *BrE*
run over	przejechać (kogoś samochodem)
stand up	wstać (z pozycji siedzącej do stojącej); wystawić kogoś do wiatru
take along	zabrać ze sobą
take off	wystartować (o samolocie)
turn down	odmówić, odrzucić (np. propozycję)
turn off	wyłączyć, zgasić
turn on	włączyć, zapalić

W takich połączeniach partykuła i grupa rzeczownikowa stoją po czasowniku, ale przed innymi częściami zdania, np. przysłówkami. Jeśli grupa rzeczownikowa występuje w pełnej formie, nie ma znaczenia, czy partykuła stoi przed nią, czy za nią: obie możliwości są gramatycznie poprawne.

Judith stood **up** Mel.   Judith wystawiła Mela do wiatru.
Judith stood Mel **up**.   Judith wystawiła Mela do wiatru.

Jednak kiedy grupa rzeczownikowa jest wyrażona zaimkiem, musi stać w zdaniu przed partykułą:

Judith stood him **up**.   Judith wystawiła go do wiatru.
Casey called us **up** last night.   Casy zadzwoniła do nas wczoraj wieczorem.

Połączenie czasownik + przyimek + grupa rzeczownikowa

call for	zadzwonić po; wymagać
care for	lubić; dbać o, zajmować się, opiekować się
do without	obchodzić się bez
look after	opiekować się
look at	patrzeć na
look for	szukać
run after	biec za
run across	przebiec, natknąć się na
run into	spotkać/znaleźć przypadkiem

Przyimków używa się tutaj tak jak w innych sytuacjach:

You never listen **to** me!   Nigdy mnie nie słuchasz!
I can't possibly do   Nie mogę obejść się bez żelazka.
   without my iron.
I was looking **for** a job and   Szukałam pracy i przypadkiem
   ran **across** an unusual   znalazłam niezwykłe ogłoszenie.
   advertisement.

Przyimek i jego dopełnienie stoją najczęściej przed innymi frazami, które mogą się znaleźć na końcu zdania:

The babysitter looks **after**   Opiekunka zajmuje się dziećmi
   the children on weekdays.   w ciągu tygodnia.
A nurse cares **for** their sick   Ich chorym dzieckiem zajmuje się
   child at their home.   w domu pielęgniarka.

Połączenie czasownik + partykuła + przyimek + grupa rzeczownikowa

catch up with	dogonić
do away with	pozbyć się
fall back on	uciec się do, zdać się na
get out of	wymigać się od, wykręcić się z
keep up with	nadążać za
look down on	patrzeć z góry na
look forward to	oczekiwać
look out for	wypatrywać
put up with	znosić
rub off on	udzielać się
run out of	kończyć się (np. cukier)
watch out for	uważać na

Należy pamiętać, że zaraz po czasowniku umieszcza się partykułę, po której występuje zaimek, a dopiero na samym końcu grupa rzeczownikowa.

Watch **out for** pickpockets at the fair! — Uważaj na kieszonkowców na targu!

His bad mood rubbed **off on** the others. — Jego zły nastrój udzielił się innym.

We ran **out of** milk yesterday. — Wczoraj skończyło nam się mleko.

My boyfriend is running **out of** excuses. — Mojemu chłopakowi kończą się wymówki.

I promised to go, and now I can't get **out of** it. — Obiecałem, że pojadę, i teraz nie mogę się z tego wykręcić.

Audrey is always on the run; no one can keep **up with** her. — Audrey jest ciągle w biegu; nikt nie może za nią nadążyć.

Ćwiczenia

27. *Znajdź znaczenie czasowników frazowych w kolumnie po prawej stronie.*

 1. to look for
 2. to come back
 3. to run away
 4. to put up with
 5. to put out
 6. to find out
 7. to put off
 8. to go on
 9. to cut down
 10. to get up

 A. to continue
 B. to extinguish
 C. to search
 D. to leave bed in the morning
 E. to reduce
 F. to return
 G. to tolerate
 H. to escape
 I. to get information
 J. to postpone

1	2	3	4	5	6	7	8	9	10

28. *Uzupełnij zdania czasownikami frazowymi z **look**. Użyj wyrazów z ramki.*

> back   after   up   out   for   forward

 1. I promised to .... her dog whenever she's away.
 2. If you don't know a word, ... it .... in a dictionary.
 3. What are you .... ? Have you lost something?
 4. .... ! There's a bike coming.
 5. I'm .... to hearing from you.
 6. I never .... I always think about the future.

29. *Połącz czasownik z partykułą oraz przyimkiem i wstaw w odpowiednie miejsce. W nawiasach podano synonimy szukanych wyrażeń.*

> czasownik: keep   run   catch   look   get
> partykuła: out   up   out   up   out
> przyimek: with   of   for   with   of

 1. I was trying hard to .... (*reach*) her but she was running too fast and I soon fell well behind.
 2. .... (*leave*) here and never come back!
 3. The factory worked day and night to .... (*stay level with*) demand.
 4. We've .... (*used all*) coffee. Someone

has to go shopping.
5. If you want to take part in the next quiz, ...
(*try to notice*) announcements in your locan newspaper.

30. Wybierz prawidłową odpowiedź. W których zdaniach obie odpowiedzi są poprawne?

1. You'll have to ..... because there's nothing left.
   ❏ do without ketchup   ❏ do ketchup without
2. She ... and went out.
   ❏ put on her best clothes   ❏ put her best clothes on
3. Will you ... for the weekend?
   ❏ put me up   ❏ put up me
4. I ... at the station.
   ❏ saw Sarah off   ❏ saw off Sarah
5. I think you .... .
   ❏ take your mother after   ❏ take after your mother
6. I'm sure he's ... .
   ❏ made the whole story up   ❏ made up the whole story
7. Will you ... , please?
   ❏ turn off the light   ❏ turn the light off
8. 'What should I do with such a lot of money?' 'I would ... .
   ❏ put it aside   ❏ put aside it
9. What's written here? I can't ...
   ❏ make it out   ❏ make out it
10. Unfortunately, they ... .
    ❏ turned down my offer   ❏ turned my offer down

31. Połącz czasowniki frazowe z ich przeciwieństwami z prawej strony.

1. switch on   A. give up
2. put on   B. turn down
3. get in   C. switch off
4. turn up   D. close down
5. light up   E. get out
6. open up   F. put out
7. take up   G. take off

1	2	3	4	5	6	7

Do każdej pary czasowników dobierz pasujący rzeczownik z ramki, a następnie ułóż zdanie z jednym z takich wyrażeń.

| cigarette | light | car | shop | music | coat | hobby |

1. ....
2. ....

3. ....
4. ....
5. ....
6. ....
7. ....

32. Przepisz zdania, zastępując podkreślone części zdań odpowiednim czasownikiem frazowym.

Przykład: *Hurrah! School is finished.*
School is over!

~~be over~~	do up	grow up	fill in
hold on	pick up	carry out	get over
set off	cut off	try on	

1. I want to be a journalist when I <u>become adult</u>.
....
2. I haven't fully <u>recovered from</u> the flu yet.
....
3. I can't <u>fasten</u> my zip. I must have put on weight.
....
4. Can I <u>put</u> this skirt <u>on to see if it fits</u>?
....
5. I'd like to spend a few months in France to <u>learn</u> some French.
....
6. After having made up my pilot study I decided to <u>conduct</u> a full-scale research project.
....
....
7. Lucy and Tim have just <u>gone</u> on their honeymoon trip to Mexico. They're going to come back at the end of the month.
....
....
8. The electricity has been <u>no longer supplied</u> because they haven't paid their last bills.
....
....
9. Just <u>complete</u> the form and return it to us in the envelope provided – no stamp needed.
....
....
10. <u>Wait</u> a minute, I'll check it out.
....

4 *Nouns* – rzeczowniki

4.1 Pisownia wielkich i małych liter

Rzeczowniki generalnie pisane są w języku angielskim małą literą:

The boy bought **a hamburger** and **a salad**.
Chłopiec kupił hamburgera i sałatkę.

Wielką literą pisze się nazwy własne:

In **London**, **George** and **Marilyn** went to see the **Tate Gallery**.
W Londynie George i Marilyn poszli do Tate Gallery.

Nazwy dni, miesięcy i narodowości traktuje się jak nazwy własne, a więc także pisze się je wielką literą:

Mr. Firth normally comes on **Mondays**, but this **Monday** he wasn't there.
Pan Firth na ogół przychodzi w poniedziałki, ale w ten poniedziałek go nie było.

It's nearly always cold in **February**.
W lutym jest prawie zawsze zimno.

The **Americans** took pictures, while the **New Zealanders** talked.
Amerykanie robili zdjęcia, podczas gdy Nowozelandczycy rozmawiali.

4.2 *The Plural* – liczba mnoga

Liczbę mnogą tworzy się na ogół przez dodanie do rzeczownika końcówki **-s**:

The gardener**s** asked for pail**s**, shovel**s**, and rake**s**.
Ogrodnicy poprosili o wiadra, łopaty i grabie.

Jeśli rzeczownik kończy się w wymowie spółgłoską syczącą, wyrażaną w pisowni jako **-s**, **-ss**, **-sh**, **-ch**, **-x**, **-z** lub **-zz**, należy do niego dodać końcówkę **-es**, która wymawiana jest jako osobna sylaba – [ɪz]:

church (jedna sylaba)   church**es** (dwie sylaby)
bush (jedna sylaba)   bush**es** (dwie sylaby)

Do rzeczowników zakończonych w wymowie spółgłoską syczącą, ale w pisowni zakończonych literą **-e**, której się nie wymawia, dodaje się końcówkę liczby mnogiej **-s**. Końcówkę liczby mnogiej takich wyrazów również wymawia się jako osobną sylabę:

prince (jedna sylaba)   prince**s** (dwie sylaby)
garage (dwie sylaby)   garage**s** (trzy sylaby)

Jeśli rzeczownik kończy się w liczbie pojedynczej na literę **-y** poprzedzoną spółgłoską, to w liczbie mnogiej **-y** zamienia się na **-ie**, a na końcu dodaje się **-s**:

ferry   ferr**ies**
copy   cop**ies**

Najważniejsze rzeczowniki tworzące liczbę mnogą w sposób nieregularny:

calf – calves	cielę
knife – knives	nóż
foot – feet	stopa
goose – geese	gęś
tooth – teeth	zęby
man – men	mężczyzna, człowiek
woman – women	kobieta
louse – lice	wesz
mouse – mice	mysz
child – children	dziecko

4.3 *Possessive* – formy dopełniacza

Dopełniacz tworzy się najczęściej przez dodanie **'s** do rzeczownika:

Cathy**'s** mouse escaped.   Mysz Cathy uciekła.
Bill**'s** best friend**'s** tennis   Rakieta tenisowa najlepszego
racket broke.   przyjaciela Billa złamała się.

Dopełniacz rzeczowników w liczbie mnogiej, które w mają końcówkę **-s**, tworzy się przez dodanie samego apostrofu **'**. W takim wypadku nie zmieni się wymowa (będzie ona taka sama jak wymowa liczby mnogiej danego rzeczownika), ale różnicę będzie widać wyraźnie w pisowni:

The boys**'** tennis rackets   Rakiety tenisowe chłopców się
broke.   połamały.
The boy**'s** tennis racket   Rakieta tenisowa chłopca się
broke.   połamała.

Jeśli rzeczownik w liczbie mnogiej nie ma końcówki **-s**, jego dopełniacz tworzy się w zwykły sposób, a więc dodając **'s**:

The children**'s** toys are   Zabawki dzieci przeszkadzają
in the way.   w chodzeniu.
Those deer**'s** antlers grow   Rogi tych jeleni szybko rosną.
quickly.

Do imion i nazwisk zakończonych na **-s** dodajemy tylko apostrof **'**:

Jesus**'** words always   Słowa Jezusa zawsze wywierały
impressed his followers.   wrażenie na jego zwolennikach.

W wymowie formy dopełniacza z **'s** obowiązują te same reguły co w wymowie liczby mnogiej rzeczowników z końcówką **s**.

Jeśli główny rzeczownik grupy rzeczownikowej jest poprzedzony przedimkiem, to tworząc dopełniacz, przedimek się odrzuca:

The daughter of a queen is a princess.	Córka królowej to księżniczka.
A queen's daughter is a princess	Córka królowej to księżniczka.

 W angielskim występuje także tzw. dopełniacz podwójny:

A friend of **my mother's** tap-danced at the wedding.	Przyjaciel mojej matki stepował na weselu.
Two books of **Helen's** got lost.	Dwie książki Helen zaginęły.

Nadaje on zdaniu inny odcień znaczeniowy niż użycie jednej ze zwykłych form dopełniacza:

My mother's friend is ill.	Przyjaciel (jedyny) mojej matki jest chory.
A friend **of my mother's** is ill.	Przyjaciel (jeden z wielu) mojej matki jest chory.
Ann gave me a photograph **of Julie**.	Ann dała mi zdjęcie (przedstawiające) Julie.
Ann gave me a photograph **of Julie's**.	Anna dała mi zdjęcie (wykonane przez) Julie. Anna dała mi zdjęcie (należące do) Julie.

Rzeczownik określany przez inny rzeczownik w dopełniaczu można opuścić, jeśli odnosi się on do czyjegoś miejsca zamieszkania, budynku, sklepu, firmy itd.:

There was a wild party at **Leo's** last night.	U Leo była wczoraj dzika impreza. W knajpie Leo's była wczoraj dzika impreza.
We're going to the **Millers'** for a meeting.	Idziemy na spotkanie do Millerów.
I'll be at my **mother's**.	Będę u mojej matki.
I bought all my dishes at **Jenner's**.	Wszystkie naczynia kupiłem u Jennera.
After breakfast at **Tiffany's**, we went to **Sotheby's**.	Po śniadaniu w restauracji Tiffaniego poszliśmy do domu aukcyjnego Sotheby.
I spent the morning at the **doctor's**.	Ranek spędziłem u lekarza.

I got this man-eating plant at the **florist's**.
Kupiłem tę pożerającą ludzi roślinę w kwiaciarni.

Formy rzeczowników w dopełniaczu używa się także z niektórymi określeniami czasu, np. z nazwami dni tygodnia:

It was in **Tuesday's** paper.
To było we wtorkowej gazecie.

The older generation is agreed that **today's** youth is lazy – and their parents said the same thing 30 years ago.
Starsze pokolenie jest zdania, że współczesna młodzież jest leniwa – to samo mówili ich rodzice trzydzieści lat temu.

4.4 *Countable and Uncountable Nouns – rzeczowniki policzalne i niepoliczalne*

Rzeczowniki można podzielić na dwie grupy: policzalne i niepoliczalne. Rzeczowniki policzalne odnoszą się do istot, rzeczy lub zjawisk, które mogą zostać policzone:

I want **a** pineapple. Chcę ananasa.
I want **three** pineapples. Chcę trzy ananasy.

Rzeczowniki niepoliczalne traktowane są jako „masa" i zazwyczaj występują w liczbie pojedynczej:

The **milk** always goes off. Mleko zawsze się psuje.
The **wheat is** being harvested. Właśnie zbiera się pszenicę.
I'd like **some jam**. Chciałabym trochę dżemu.

W niektórych wypadkach można użyć rzeczowników niepoliczalnych w liczbie mnogiej, ale jest to wskazówka, że mowa o ich porcjach lub rodzajach:

> Two **milks**, please. — Poproszę dwie porcje mleka.
> They grow three different **wheats** here. — Uprawiają tutaj trzy rodzaje pszenicy.
> I've tried all the **jams**. — Spróbowałem wszystkich dżemów.

Istnieją jednak rzeczowniki niepoliczalne, których nie można używać w taki sposób:

> His **information** was always unreliable. — Na jego informacjach nigdy nie można było polegać.
> She has had a lot of **experience**. — Zdobyła dużo doświadczenia.
> The room was full of **furniture**. — Pokój był pełen mebli.

Jak widać z niektórych przytoczonych przykładów, pojęcie policzalności i niepoliczalności jest czasem inne w języku angielskim niż w polskim. Dotyczy to również rzeczownika „rada", który w angielskim jest niepoliczalny:

> My mother gave me lots of useful **advice**. — Mama dała mi mnóstwo użytecznych rad.

Rzeczownik **news** (w znaczeniu „wiadomości", „informacje") kończy się na **-s**, co sugeruje formę liczby mnogiej, ale ponieważ traktuje się go jako rzeczownik niepoliczalny, występuje tylko w liczbie pojedynczej:

> All the **news** in the paper **was** good that day. — Tego dnia wszystkie wiadomości w gazecie były dobre.
> The good **news** is that we have a spare tire; the bad **news is** that we don't have the necessary tools to mount it. — Na szczęście mamy zapasową oponę, ale niestety nie mamy narzędzi, żeby ją założyć.

4.5 *Pair Nouns*

Niektóre rzeczowniki określające przedmiot zawierają w sobie wyraz **pair** („para"), ale mimo to traktuje się je, jakby odnosiły się do pojedynczego przedmiotu złożonego z dwóch części. W związku z tym zachowują się jak rzeczowniki w liczbie pojedynczej:

> This **pair of scissors** is blunt. — Te nożyczki są tępe.
> Bring me **a pair of pliers**! — Przynieś mi kombinerki!
> I need a new **pair of trousers**. — Potrzebna mi jest nowa para spodni.

O takich przedmiotach mówi się często, pomijając frazę **a pair of**; wtedy określające je rzeczowniki traktuje się jakby występowały w liczbie mnogiej:

These scissors *are* blunt.	Te nożyczki są tępe.
Bring me **the pliers**!	Przynieś mi kombinerki!
I need new **glasses**.	Potrzebne mi są nowe okulary.
I'm looking for **a pair of** green **trousers**.	Szukam zielonych spodni.
My **pants** *have* shrunk.	Moje spodnie *AmE*/majtki *BrE* się skurczyły.
These **jeans** *don't* fit.	Te jeansy nie pasują.

Tego typu rzeczowniki są policzalne, jeśli potraktujemy je jako pary:

I'd like two **pairs of** green jeans.	Poproszę dwie pary zielonych jeansów.

4.6 *Proper Names*: *Titles* – nazwy własne: tytuły

Skróty tytułów pisze się w brytyjskim angielskim bez kropki, a w amerykańskim angielskim – z kropką.

Skrót od **Mister** („Pan") to **Mr.**:

Mr. Johnson	Pan Johnson

Przy tytułowaniu kobiet sytuacja jest bardziej skomplikowana. Dwie tradycyjne formy zwracania się do nich to: **Miss** [mɪs], forma odnosząca się do kobiety niezamężnej (np. *Miss Johnson* = Panna Johnson) i **Mrs.** [mɪsɪz], skrót odnoszący się do kobiety zamężnej (np. *Mrs. Johnson* = Pani Johnson, a więc żona *Mr. Johnsona*). Poza tym istnieje jeszcze jeden skrót odnoszący się do kobiet bez względu na ich stan cywilny: **Ms.** [mɪz] (np. *Ms. Johnson*). **Ms.** jest więc jedynym właściwym określeniem dla kobiet, które wychodząc za mąż, nie zmieniły nazwiska. Ten sposób zwracania się i tytułowania wszystkich kobiet, bez względu na stan cywilny, jest w tej chwili coraz powszechniej stosowany. W języku polskim odpowiednikiem **Ms.** jest po prostu „Pani".

Dr. i *Prof.*

Tytułów *Dr.* i *Prof.* nie używa się w języku angielskim w połączeniu z „Pan/Pani", za to zawsze musi po nich następować nazwisko. Nie istnieją więc takie konstrukcje jak „Pan doktor" czy „Pani profesor", możemy za to powiedzieć *Dr. Johnson*, *Prof. White*.

Dr. Beale and **Prof.** Sinclair arrived at the conference on Friday.	Dr Beale i prof. Sinclair przybyli na konferencję w piątek.
Drs. Corcoran and Lowe, a husband-and-wife research team have been invited to speak.	Dr Corcoran i dr Lowe, małżeńska grupa badawcza, zostali poproszeni o wygłoszenie przemówienia.

Ćwiczenia

4.1 Pisownia wielkich i małych liter

33. Znajdź ukryte w diagramie nazwy siedmiu miesięcy i pięciu dni tygodnia (poziomo i pionowo oraz wspak). Następnie dopisz nazwy pozostałych pięciu miesięcy oraz dwóch dni tygodnia.

T	H	U	S	D	A	Y	Y	M	A
U	L	Y	U	A	P	A	A	A	Y
E	C	L	N	Y	R	M	D	T	A
S	T	L	D	M	I	O	N	S	D
D	O	U	A	E	L	U	O	U	S
A	B	J	Y	N	O	D	M	G	E
Y	A	D	R	U	T	A	S	U	N
A	Y	L	U	J	B	Y	D	A	D
S	E	P	T	E	M	B	E	R	E
O	Y	R	A	U	R	B	E	F	W

....
....
....
....
....

4.2 Liczba mnoga

34. Podaj liczbę mnogą następujących rzeczowników.

1. child ....
2. berry ....
3. church ....
4. calf ....
5. boss ....
6. goose ....
7. watch ....
8. foot ....
9. fox ....
10. brush ....
11. man ....
12. fly ....
13. box ....
14. mouse ....
15. boy ....
16. day ....
17. wife ....
18. woman ....
19. wave ....
20. louse ....

4.3 Formy dopełniacza

35. Przetłumacz nazwy sklepów i punktów usługowych. Użyj nazw zawodów lub sprzedawców przedstawionych w ramce.

newsagent baker florist chemist butcher

1. apteka ....
2. piekarnia ....
3. kiosk z gazetami ....
4. kwiaciarnia ....
5. sklep mięsny ....

36. Przetłumacz podane wyrażenia wg przykładu.

Przykład: *We met .... **at Bob's** .... (u Boba)*

1. I stayed .... (u Laury) two days.
2. They had dinner .... (u jego rodziców).
3. I spent the night .... (u mojej siostry).

37. Uzupełnij zdania wyrażeniami z ramki.

my sister's   my sisters'   The Smiths'   Mrs. Smith's

1. .... husband died in 1980.
2. .... house was sold for $500,000.
3. This is .... room.
   What are their names?
   Mia and Alice.
4. This is .... bedroom.
   What's her name?

4.4 Rzeczowniki policzalne i niepoliczalne

38. Uzupełnij pary zdań wyrazami z ramki.

painting - a painting	work - works
tea - a tea	grey hair - a grey hair
paper - a paper	experience - an experience
beer - a beer	knowledge - a good knowledge
glass - a glass	turkey - a turkey

1. I found .... on my head yesterday.
2. My grandpa has ....

3. Would you like ....?
4. Do you like ....?

5. This is the .... I've done.
6. These are the complete .... of Shakespeare.

7. Is this bird .... ?
8. Is this meat ....?

9. Laura is good at ....
10. We saw .... by Van Gogh in the museum.

11. We had .... exciting .... on our trip to Belgium.
12. You don't have enough .... to work for our company, Mr Rotsfield.

13. I like my .... with sugar and milk.
14. .... for me, please, and a piece of cake.

15. Would you like .... of water?
16. .... is a very fragile material.

17. Mary bought some writing .... for me.
18. Mary bought .... as she wanted to read the news.

19. She has .... of geography.
20. .... is power.

39. Przetłumacz podane w nawiasie wyrażenia.

1. What colour .... (są jej włosy)?
2. The furniture you bought .... (wyglądają) old.
3. Would you care for .... (herbaty)?
4. .... (Pieniądze są) a very important aspect of life.
5. That's the most wonderful .... (wiadomość) I've heard for ages!
6. .... (Moje zęby) became yellow after smoking for 10 years.
7. She gave me .... (dobrą radę).
8. Do you have .... (jakieś informacje) about language courses in your town?

4.5 Pair nouns

40. Zakreśl właściwy zaimek i/lub czasownik.

1. This/These jeans is/are too small for me.
2. Have you seen my shorts? Yes, it's/they're on the bed.
3. This/These pyjamas doesn't/don't fit me.
4. Where is/are the scissors?
5. This/These pair of trousers look/looks nice.

5 *Pronouns* – zaimki

Zaimki nie zastępują po prostu rzeczowników, ale także całe grupy rzeczownikowe. Grupa rzeczownikowa może składać się z pojedynczego rzeczownika, ale także z kilku albo nawet kilkunastu słów.

William fell into a hole. William wpadł do dziury.
He fell into a hole. On wpadł do dziury.

The tall blond man wearing a yellow overcoat fell into a hole. Wysoki blondyn w żółtym płaszczu wpadł do dziury.
He fell into a hole. On wpadł do dziury.

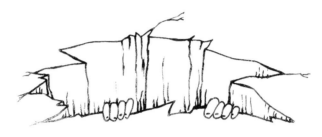

W pierwszym przykładzie zaimek zastąpił rzeczownik *William*. W drugim przykładzie zaimek zastąpił całą grupę rzeczownikową: *the tall blond man wearing a yellow overcoat*.

5.1 *Personal Pronouns* – zaimki osobowe

Za pomocą zaimków osobowych identyfikujemy siebie i innych. W przeciwieństwie do rzeczowników, które w języku angielskim pozostają nieodmienne, zaimki osobowe mają szczątkową odmianę i mogą występować w funkcji podmiotu lub dopełnienia.

Subject Pronouns: zaimki osobowe w funkcji podmiotu

Singular		Plural	
I	ja	we	my
you	ty, Pan/Pani	you	wy, Państwo
he	on	they	oni, one
she	ona		
it	ono		

Trzeba zwrócić uwagę na dwie różnice między zaimkami osobowymi w języku polskim i angielskim.

Po pierwsze, angielski zaimek **you** oddaje znaczenie polskich zaimków „ty" oraz „wy", a także polskich form grzecznościowych „Pan/Pani" i „Państwo". To, czy zaimek ten w danym zdaniu odnosi się do jednej osoby, czy do wielu i czy po polsku należałoby w tym miejscu użyć formy grzecznościowej, zależy od kontekstu:

You're mean!	Jesteś podły/podła!
	Jesteście podli/podłe!
You two should do your homework.	Powinniście/Powinnyście zrobić zadanie domowe.
Would **you** like coffee, tea, or juice?	Napijesz się kawy, herbaty czy soku?
	Napije się Pan/Pani kawy, herbaty czy soku?
	Napiją się Państwo kawy, herbaty czy soku?

Po drugie, w języku angielskim inaczej niż w polskim używa się zaimków osobowych. Podczas gdy w języku polskim każdemu rzeczownikowi przyporządkowany jest jakiś rodzaj gramatyczny, w angielskim trzeba się kierować płcią biologiczną osoby lub zwierzęcia, o których mówimy. Zaimki **he** i **she** w zasadzie zarezerwowane są dla ludzi i zwierząt domowych:

The girl tried to laugh at his jokes.	Dziewczyna próbowała się śmiać z jego dowcipów.
She tried to laugh at his jokes.	Ona próbowała się śmiać z jego dowcipów.
Pussy the cat is crotchety today.	Kotka Pussy jest dzisiaj rozdrażniona.
She is crotchety today.	Ona jest dzisiaj rozdrażniona.

Są jednak wyjątki. Niektóre zwierzęta zwyczajowo obdarza się „płcią": np. wiewiórka czy papuga to nie „ona", jak mówi się po polsku, ale domyślnie **he**, chociaż można je także określić jako **it**.

The squirrel was nibbling on a hazelnut.	Wiewiórka jadła orzeszek laskowy.
He was nibbling on a hazelnut.	Ona jadła orzeszek laskowy.

Jeśli ktoś ma stosunek emocjonalny do jakiegoś przedmiotu lub urządzenia (np. samochodu), może go traktować jak „osobę" określonej płci:

John says that **the blue Volvo** is his best friend.	John mówi, że to niebieskie Volvo to jego najlepszy przyjaciel.
John says that **she** is his best friend.	John mówi, że to jego najlepszy przyjaciel.

Warto wspomnieć o podobnie traktowanym rzeczowniku **baby** („niemowlę"): osoby obce i nieznające płci niemowlęcia mogą je określić jako **it**, ale rodzice i osoby je znające z pewnością będą je określały zgodnie z jego płcią biologiczną jako **he** lub **she**:

The baby was crying. Niemowlę płakało.
He/She/It was crying. Ono płakało.

Wszystkie statki, łodzie i inne jednostki pływające określa się jako **she**.

Queen of Scots is a majestic ship. Queen of Scots to majestatyczny okręt.
She is a majestic ship. To jest majestatyczny okręt.

We wszystkich pozostałych wypadkach mówiąc o rzeczach lub zwierzętach, należy użyć zaimka **it**.

The table collapsed. Stół się zawalił.
It collapsed. On się zawalił.

W przeciwieństwie do rzeczowników zaimki osobowe mają inną formę, zależnie od tego czy występują w funkcji dopełnienia, czy podmiotu.

Object Pronouns: **zaimki osobowe w funkcji dopełnienia**

Singular	Plural
me mnie (i inne przypadki)	**us** nas (i inne przypadki)
you ciebie, Pana/Pani (i inne przypadki)	**you** was, Państwa (i inne przypadki)
him jego (i inne przypadki)	
her jej (i inne przypadki)	**them** ich (i inne przypadki)

Powyższe formy zaimków mogą zastępować grupy rzeczownikowe następujące bezpośrednio po czasowniku (a więc występują w funkcji dopełnienia) oraz po przyimkach:

Archibald took **them**. Archibald je/ich wziął.
Thelma gave **her** a good scolding. Thelma bardzo ją zbeształa.
I threw the stick, and Rover ran after **it**. Ja rzuciłem patyk, a Reksio za nim pobiegł.
Paul fixed our car for **us**. Paul naprawił nam samochód.

Jeśli musimy użyć samego zaimka albo zaimka po czasowniku **be**, należy wykorzystać zaimek w formie dopełnienia:

Who's there? – **Me**. Kto tam? – Ja.
It's **me**. To ja.
It's **them**. To oni.
Was it **him**? To był on?

5.2 *Possessive Forms* – formy dzierżawcze

Każdy zaimek osobowy ma dwie formy dzierżawcze.

Pierwsza grupa to formy dzierżawcze używane przed rzeczownikiem w grupie rzeczownikowej:

Possessive Forms before Nouns

Singular		Plural	
my	mój, moja, moje	**our**	nasz, nasza, nasze, nasi
your	twój, twoja, twoje pani, pański, pańska, pańskie	**your**	wasz, wasza, wasze państwa, pań, panów
his **her** **its**	jego jej jego, jej	**their**	ich

My *friend Barbara* is getting divorced.
Moja koleżanka Barbara się rozwodzi.

They wouldn't take **our** *brilliant advice*.
Nie chcieli posłuchać naszej genialnej rady.

Mówiąc o częściach ciała, ubraniach itp. należących do konkretnych ludzi, trzeba używać form dzierżawczych zaimków:

I broke **my** arm.
Złamałam rękę.

They took off **their** clothes but not **their** hats.
Zdjęli ubrania, ale nie kapelusze.

He touched **her** shoulder.
Dotknął jej ramienia.

Our stomachs hurt.
Bolały nas brzuchy.

ale:

She kicked him in **the** stomach.
Kopnęła go w brzuch.

Druga grupa to formy dzierżawcze, które nie poprzedzają rzeczowników, tylko je zastępują.

Independent Possessive Forms

Singular		Plural	
mine	mój, moja, moje	**ours**	nasz, nasza, nasze, nasi
yours	twój, twoja, twoje; pani, pański, pańska, pańskie	**yours**	wasz, wasza, wasze; państwa, pań, panów
his **hers** **(its)**	jego jej (jego, jej)	**theirs**	ich

Forma **its** jest bardzo rzadko używana.

My shirt's clean, but **hers** is dirty.
Moja koszula jest czysta, a jej jest brudna.

Ellen has her own locker, but she likes to put her things in **his**.
Ellen ma swoją własną szafkę, ale lubi wkładać swoje rzeczy do jego (szafki).

Chcąc powiedzieć „mój przyjaciel" itp., używa się form dzierżawczych z tej grupy. Jeśli użylibyśmy form z grupy pierwszej, zdanie zyskałoby inny odcień znaczeniowy:

My friend is coming to visit.
Mój (jedyny) przyjaciel przyjeżdża z wizytą.

A friend **of mine** is coming to visit.
Mój przyjaciel (jeden z wielu) przyjeżdża z wizytą.

Konstrukcje bezosobowe

Konstrukcje bezosobowe można tworzyć co najmniej na dwa sposoby. W języku mówionym stosuje się najczęściej zaimek **you**:

You have to be really stupid to do a thing like that.
Trzeba być naprawdę głupim, żeby coś takiego zrobić.

You can get good can openers there.
Można tam dostać dobre otwieracze do puszek.

Bardziej oficjalną kostrukcję bezosobową tworzy się za pomocą słowa **one**. Forma dzierżawcza od **one** to po prostu **one's**.

One should always wash **one's** hands before meals.
Należy zawsze myć ręce przed jedzeniem.

One needs to update **one's** wardrobe once in a while.
Raz na jakiś czas trzeba zmodernizować swoją garderobę.

Jeśli trzeba zastąpić zaimkiem rzeczownik, który może odnosić się zarówno do kobiet, jak do mężczyzn, to według tradycyjnych reguł gramatycznych powinno się użyć zaimka rodzaju męskiego **he**. Jednak obecnie stosuje się coraz powszechniej inne rozwiązanie: rzeczownik zastępuje się formą **he or she**:

If the customer is not satisfied, **he or she** may return the item for a full refund.
Jeśli klient/ka nie jest zadowolony/a, może zwrócić towar i otrzymać całkowity zwrot pieniędzy.

A typical fan wants to wear **his or her** favorite player's number.
Typowy kibic chce nosić numer swojego ulubionego zawodnika na ubraniu.

W języku potocznym unika się tej niezbyt zręcznej konstrukcji, używając zaimka w liczbie mnogiej:

Apparently someone called up Harlan last night, and **they** started threatening him.
Podobno ktoś zadzwonił wczoraj wieczorem do Harlana i zaczął mu grozić.

If a person is hungry, **they** can get something at the fast-food place across the street.

Jeśli ktoś jest głodny, to może sobie coś kupić w barze szybkiej obsługi po drugiej stronie ulicy.

5.3 *Reflexive Pronouns* – zaimki zwrotne

Polski zaimek zwrotny „się" lub „siebie" odmienia się tylko przez przypadki, natomiast angielskie zaimki zwrotne odmieniają się przez osoby i liczby:

Reflexive Pronouns

Singular		Plural	
myself	się, sobie, siebie	**ourselves**	się, sobie, siebie
yourself	się, sobie, siebie	**yourselves**	się, sobie, siebie
himself	się, sobie, siebie		
herself	się, sobie, siebie	**themselves**	się, sobie, siebie
itself	się, sobie, siebie		
oneself	się, sobie, siebie		

Zaimka zwrotnego **oneself** używa się w konstrukcjach bezosobowych, w których podmiotem zdania jest **one**.

Jak widać z tabelki, używanie zaimków zwrotnych w języku angielskim może okazać się trudne. Poza formą tych zaimków trzeba znać konteksty i sytuacje, w jakich można je stosować.

Zaimków zwrotnych używa się w odniesieniu do podmiotu zdania. Pełnią wtedy zwykle funkcję dopełnienia:

The man admired **himself** in the mirror.
Mężczyzna podziwiał się w lustrze.

I told **myself** I should be careful.
Powiedziałam sobie, że muszę być ostrożna.

We're always laughing at **ourselves**.
Zawsze śmiejemy się sami z siebie.

Frieda was angry with **herself**. Frieda była na siebie zła.

Jeżeli dopełnienie nie odnosi się do podmiotu, to nie wolno użyć zaimka zwrotnego, bo doprowadzi to do zmiany znaczenia zdania. W pierwszym zdaniu z poniższej pary podmiot i dopełnienie odnoszą się do tej samej osoby (Mary): dlatego zastosowano zaimek zwrotny; w zdaniu drugim podmiot (Mary) i dopełnienie (jakaś „ona") to zupełnie inne osoby, zastosowano więc zwykły zaimek:

Mary saw **herself** in the mirror. Mary zobaczyła się w lustrze.
Mary saw **her** in the mirror. Mary zobaczyła ją w lustrze.

Czasem zaimków zwrotnych używa się, aby podkreślić, że podmiot „sam" coś robi, wie itd., w znaczeniu „sam", „samodzielnie" (funkcja emfatyczna):

| You know that **yourself**. | Sam to wiesz. |
| Dean said so **himself**. | Sam dziekan tak powiedział. |

Zaimków zwrotnych nie można używać, aby wyrazić polskie „się" oznaczające wzajemność („siebie nawzajem"). W tym wypadku po angielsku używa się nieodmiennych form **one another** lub **each other**:

The two cannibals hunted **each other**.	Dwaj kanibale polowali na siebie (nawzajem).
Mark, Craig and Carla gave **each other** socks for Christmas.	Mark, Craig i Carla podarowali sobie nawzajem skarpetki na Boże Narodzenie.
Mark, Craig and Carla haven't seen **one other** for a long time.	Mark, Craig i Carla nie widzieli się od dawna.

Polacy mylą czasem zaimki zwrotne z **each other** oraz **one another**, ponieważ wszystkie te formy w niektórych kontekstach mogą być wyrażane po polsku w taki sam sposób:

| John and Andy wash **themselves** every morning. | John i Andy myją się każdego ranka. (John myje się każdego ranka i Andy myje się każdego ranka.) |
| John and Andy wash **each other** every morning. | John i Andy myją się każdego ranka. (John myje Andiego każdego ranka, a Andy myje Johna każdego ranka.) |

Niektóre czasowniki, które w języku polskim występują zawsze z „się", łączą się także z zaimkiem zwrotnym w języku angielskim. Niestety w wielu przypadkach angielski odpowiednik polskich czasowników zwrotnych nie ma zaimka zwrotnego. Oto kilka przykładów:

czesać się	**comb one's hair**
interesować się	**be interested**
kłócić się	**argue, quarrel**
koncentrować się	**concentrate**
odwracać się	**turn**
pojawić się	**appear, turn up**
potknąć się	**stumble**
przebrać się	**change (one's clothes)**
przypomnieć sobie	**remember, recollect**
rozzłościć się	**get angry**
ruszać się	**move**
spotkać się	**meet**
ubierać się	**get dressed**

Aaron **combed** his hair. Aaron *się uczesał*.

The wheel **was turning**.	Koło *się obracało*.
Suddenly I **remembered** the cake in the oven.	Nagle *przypomniałem sobie* o cieście w piekarniku.

Czasowni **meet** w odniesieniu do ludzi może mieć następujące znaczenia:
- poznać
- spotkać się po raz pierwszy
- spotkać
- spotkać się

I **met** my wife at a party.	*Poznałem* moją żonę na przyjęciu.
Don and Kelly originally **met** in Las Vegas.	Don i Kelly po raz pierwszy *spotkali się* w Las Vegas.
Guess who I **met** in town!	Zgadnij, kogo *spotkałam* w mieście!
Let's **meet** at the pub.	*Spotkajmy się* w pubie.

5.4 *Demonstrative Pronouns* – zaimki wskazujące

Zaimki wskazujące **this** (w liczbie mnogiej **these**) oraz **that** (w liczbie mnogiej **those**) mogą występować w funkcji przedimka poprzedzającego rzeczownik albo w funkcji zaimka:

These are the best plums I've ever eaten.	To najlepsze śliwki, jakie kiedykolwiek jadłam.
I saw **that**.	Widziałem to.

All – wszyscy, wszystkie

Najczęściej **all** poprzedza rzeczownik lub całą grupę rzeczownikową. Występuje przed rzeczownikami niepoliczalnymi, a także przed policzalnymi w liczbie mnogiej.

The cats ate **all** the fish.	Koty zjadły wszystkie ryby.
All the visitors were cranky.	Wszyscy goście byli rozdrażnieni.

All stosuje się także po zaimkach osobowych:

I like **them all**.	Lubię ich wszystkich.
We all ordered cheesecake.	Wszyscy zamówiliśmy sernik.

All może również występować w konstrukcji z **of**:

The cats ate **all of** the fish.	Koty zjadły całą rybę.
All of the visitors were cranky.	Wszyscy goście byli rozdrażnieni.

Jeśli **all** odnosi się do podmiotu, może stać zaraz po grupie rzeczownikowej w funkcji podmiotu albo po pierwszym słowie posiłkowym:

The painters all went home early.	Wszyscy malarze poszli wcześnie do domu.
The books have **all** fallen off the shelf.	Wszystkie książki spadły z półki.

The parents all have written to the governor.	Wszyscy rodzice napisali do gubernatora.

Czasownik zwykły **be** jest traktowany w tym wypadku jako słowo posiłkowe, a więc **all** stawia się po odpowiedniej formie **be**:

You **were all** there too.	Wy wszyscy też tam byliście.
The employees **were all** happy.	Wszyscy pracownicy byli zadowoleni.

Chociaż w nielicznych wypadkach można stosować **all** samodzielnie (tzn. bez rzeczownika), zazwyczaj w takiej sytuacji należy użyć słówek **everything** („wszystko") i **everyone** lub **everybody** („wszyscy"):

Rex worries about **everything**.	Rex o wszystko się martwi.
Everything was fine.	Wszystko było w porządku.
Everyone came.	Wszyscy przyszli.
I gave one to **everyone**.	Wszyskim dałam po jednym.
Everybody was talking about Roseanne's new nose.	Wszyscy mówili o nowym nosie Roseanne.
Aunt Becky kissed **everybody** goodbye.	Ciotka Becky pocałowała wszystkich na pożegnanie.

Both – oba, obaj, obie, oboje

Both odnosi się do dwóch osób lub rzeczy.

Both tak jak **all** może poprzedzać grupę rzeczownikową (rzeczownik policzalny w liczbie mnogiej), stać po zaimkach osobowych i występować w konstrukcji z **of**:

We met **both** her sons.	Poznaliśmy obu jej synów.
Both the security guards are old.	Obaj strażnicy są starzy.
Both of the bottles exploded.	Obie butelki wybuchły.
I gave **both of** the letters to Jess.	Dałem oba listy Jess.
The eggs for the cake **both** broke.	Oba jajka na ciasto pękły.
Mac and Toni **both** were screaming.	I Mac, i Toni krzyczeli.
Now the teacher and the substitute were **both** sick.	I nauczyciel, i jego zastępca byli chorzy.

Both, w przeciwieństwie do **all**, może występować samodzielnie:

I was worried about the packages, but **both** arrived safely.	Martwiłem się o paczki, ale obie dotarły bezpiecznie.
Which flavor is better: chocolate or vanilla? – **Both** are good.	Który smak jest lepszy: czekoladowy czy waniliowy? – Oba są dobre.

Each – **każdy, każda, każde**

Each stosuje się zawsze w odniesieniu do niewielkiej liczby ludzi, zwierząt lub przedmiotów.

Each może pełnić rolę zaimka lub określnika. Może występować z **of**, przed podmiotem lub po nim:

    Each of the pipes had to be repaired.   Trzeba było naprawić każdą z rur.
    The boss spoke to **each of** the employees individually.   Szef rozmawiał z każdym z pracowników osobno.
    Five robbers **each** decided to break into the same bank the same night.   Każdy z pięciu rabusiów zdecydował się włamać do tego samego banku tej samej nocy.
    Each man had a baseball bat.   Każdy z mężczyzn miał kij baseballowy.
    Mandy, Phil, Candice, and Henry have **each** given us a toaster as a wedding gift.   I Mandy, i Phil, i Candice, i Henry, dali nam tostery w prezencie ślubnym.

 Stosując **each**, zaznaczamy, że chociaż mówimy o kilku osobach lub rzeczach, każdą z nich traktujemy osobno, pojedynczo.

Each często odnosi się do pierwszego z dwóch dopełnień i wtedy najczęściej występuje w zdaniu po tym dopełnieniu:

    The nurse gave the children **each** a toy.   Pielęgniarka dała każdemu dziecku zabawkę.

Kiedy jednak chce się zaakcentować **each**, należy je postawić po drugim dopełnieniu: **each** można także zastąpić w tym wypadku słowem **apiece**:

    Uncle Willy gave the boys five dollars **each**.   Wujek Willy dał każdemu z chłopców po pięć dolarów.
    We ate four muffins **apiece**.   Każda z nas zjadła po pięć babeczek.

Podając cenę za sztukę, często po cenie stosuje się **each** lub **apiece**:

    These pens are 95 cents **each**.   Te długopisy kosztują 95 centów za sztukę.
    The bouquets cost ten pounds **apiece**.   Bukiety kosztowały dziesięć funtów za sztukę.

One

One jest zaimkiem nieokreślonym zastępującym rzeczowniki policzalne w liczbie pojedynczej. Może występować samodzielnie lub z **of**:

    Have **one**!   Weź jednego!
    I had never seen an armadillo until we encountered **one** at the zoo.   Nigdy nie widziałam pancernika, zanim nie natknęliśmy się na niego w zoo.

One of the books was about airplane contests.
Jedna z książek była o zawodach lotniczych.

One często stosuje się zamiast rzeczownika, aby uniknąć powtarzania go:

Which **one** do you want?
Który chcesz?

I'll take the blue **one**.
Wezmę ten niebieski.

Grace hoped for some chocolates when she got home, but Julie had eaten every **one**.
Grace liczyła na czekoladki, kiedy wróciła do domu, ale Julie wszystkie zjadła.

Do zastępowania rzeczowników w liczbie mnogiej używa się **ones**:

I like red apples, but I prefer yellow **ones**.
Lubię czerwone jabłka, ale wolę żółte.

Either i *neither*

Either odnosi się do jednej z dwóch rzeczy i może znaczyć tyle co „jeden albo drugi", „którykolwiek z dwojga":

Should we take the stew or the roast?
– **Either** would be fine.
Zamówić gulasz czy pieczeń?
– I jedno, i drugie będzie OK.

Either of the boys will be glad to help you – if you pay him.
Któryś z chłopców chętnie ci pomoże – jeśli mu zapłacisz.

Neither znaczy „żaden z dwojga", „ani jeden ani drugi":

Neither really appeals to me.
Żadna naprawdę mi się nie podoba.

Neither of them did a good job.
Żaden z nich nie zrobił tego dobrze.

Jeśli **either** występuje po przeczeniu, znaczy wtedy „żaden z dwojga", „ani jeden, ani drugi":

The parrots wouldn't describe **either** of the robbers.
Informatorzy nie chcieli opisać żadnego z rabusi.

I never saw **either** of them again.
Nigdy więcej nie widziałem żadnego z nich.

Some – trochę, kilka, niektórzy

Zaimek nieokreślony **some** może się odnosić do rzeczowników niepoliczalnych w liczbie pojedynczej lub policzalnych w liczbie mnogiej:

I'd like **some**, please.
Poproszę kilka/trochę.

Roger didn't really want licorice, but he bought **some** anyway.
Roger tak naprawdę nie miał ochoty na lukrecję, ale i tak trochę kupił.

Some of the waiters were fussier than the patrons.
Niektórzy kelnerzy grymasili bardziej niż klienci.

None – żaden, żadna, żadne

Z wyjątkiem bardzo oficjalnego języka **none** używa się w konstrukcji z **of**. Takie konstrukcje z **none** funkcjonują najczęściej jako podmiot, i znaczą to samo co **not... any**:

    None of the mice likes cheese.   Żadna z myszy nie lubi sera.
    None of her furniture was comfortable.   Żaden z jej mebli nie był wygodny.

None z **of** może łączyć się z czasownikiem w liczbie pojedynczej, ale także w liczbie mnogiej, jeżeli konstrukcja odnosi się do rzeczowników policzalnych:

    None of your greedy clients was/were there.   Nie było tam żadnego z twoich chciwych klientów.

Jeśli chcemy powiedzieć „żaden" w znaczeniu „żaden człowiek", musimy użyć słów **no one** lub **nobody**:

    No one was home.   Nikogo nie było w domu.
    Nobody said you had to believe it.   Nikt nie powiedział, że musisz w to wierzyć.

Any

W zdaniach przeczących należy użyć **any** zamiast **some**. Po polsku mówimy w tym wypadku „żaden", „żadna", „żadne":

    I asked for secondhand second hands, but they didn't have **any**.   Poprosiłem o stare (używane) wskazówki sekundowe, ale żadnych nie mieli.
    I haven't heard from **any** of them.   Żaden z nich nie dał mi o sobie znać.
    My shoes weren't in **any** of the closets or under **any** of the beds in the house.   Moich butów nie było w żadnej z szaf ani pod żadnym z łóżek w domu.

Ćwiczenia

5.1 Zaimki osobowe

41. Zamień podkreślone słowa na odpowiednie zaimki.

Przykład: <u>Mary</u> opened <u>the window</u>.
She opened **it**.

1. <u>Luke and Trevor</u> decided to show <u>the photo</u> to <u>Ann.</u>
   ....

2. <u>Alan's</u> house is over there.
   ....

3. <u>Celia</u> has given <u>a present</u> to <u>Mark</u>.
   ....

4. I opened <u>the letter</u> and handed it to <u>my wife</u>.
   ....

5. <u>Congo</u> is in Africa.
   ....

5.2 Formy dzierżawcze

*42. Cztery koleżanki wynajmują wspólne mieszkanie. Mają mało mebli więc swoje ubrania trzymają w jednej szafie. Czasem pojawia się problem, które skarpetki są czyje. Uzupełnij rozmowę odpowiednimi przymiotnikami i zaimkami dzierżawczymi – **my, mine** itp.*

Claire: These are .... (1) socks, aren't they? I think I brought them from London.
Lisa: No, they aren't .... (2) , they are .... (3) . I bought them in Madrid.
Hannah: But you haven't got any black socks, girls. They must be Kim's.
Kim: Yes, they are .... (4).Thank you.
Claire: So these socks must be ....(5) I've always liked navy blue.
Hannah: But they aren't navy blue, they're dark grey. And they aren't .... (6), they are .... (7). I've had them for years.
Claire: So where are .... socks (8)? I have to leave in a minute! I'm going to be late. Lisa! What's that that you're wearing?
Lisa: These are .... (9) socks.
Claire: They aren't .... (10)! They are .... (11)! Take them off, now!

*43. Podane zdania zamień tak, by zawierały zaimek **you**.*

Przykład: *People shouldn't drive when they are drunk.*
You *shouldn't drive when you are drunk.*

1. People mustn't smoke in this building.
   ....
2. People shouldn't believe everything they see on TV.
   ....
3. People never know what may happen to them.
   ....
4. In Great Britain people have to drive on the left.
   ....
5. People have to work very hard to earn their living.
   ....

*44. Stworzone zdania przekształć, zamieniając zaimek **you** na **one**.*

Przykład: *You shouldn't drive when they are drunk.*
One *shouldn't drive when* **one** *is drunk.*

1. ....
2. ....
3. ....
4. ....
5. ....

5.3 Zaimki zwrotne

45. Wybierz prawidłową odpowiedź.

1. Who helped you build this shed? – Nobody, I did it by ....
   ❑ mine ❑ myself ❑ myselves ❑ me
2. Look at this picture! It's .... on the beach.
   ❑ he ❑ his ❑ him ❑ himself
3. This book is dirty and .... cover is torn.
   ❑ its ❑ it's ❑ it ❑ her
4. Jim hurt .... when he was skiing in the Alps.
   ❑ him ❑ his ❑ hiself ❑ himself
5. This red car is ....
   ❑ hers ❑ her ❑ herself ❑ she
6. Who's taken my penknife? .... I needed it to open a tin of beans.
   ❑ I ❑ me ❑ mine ❑ myself.
7. .... neighbours are very noisy.
   ❑ We ❑ Our ❑ Ours ❑ Ourselves

*46. Wstaw **themselves**, **ourselves** lub **each other**.*

1. I introduced the two guests to ....
2. They talk to .... in English because it's the only language they both know. Mary is from Barcelona and John doesn't speak any Spanish.
3. Our children really enjoy .... 's company.
4. Let's help .... to some more food before we leave.
5. It's a beautiful flat. They designed it ....
6. They were shouting at .... and then started crying.
7. I'm very suspicious of people who talk to .... It's better to talk to other people, I think.

5.4 Zaimki wskazujące

47. Zaznacz prawidłową odpowiedź.

1. .... my friends agreed to help me build a new house after the old one had been swept away by the flood.
   ❑ All ❑ Everyone ❑ None
2. Why should you be interested in my private life? It's ... of your business.
   ❑ all ❑ erything ❑ none
3. The bill for the dinner for the five of us was 55 pounds so we paid 11 pounds ....
   ❑ all ❑ everyone ❑ each
4. She's so concerned about .... that she's suffered a nervous breakdown twice in her life.
   ❑ all ❑ everything ❑ none
5. The girl was so sweet and lovely that almost .... was smiling at her.
   ❑ all ❑ everyone ❑ none
6. .... of my neighbours is single. It's strange, but only married couples live in my street.
   ❑ All ❑ Everyone ❑ None
7. Money isn't ...., you know. There are more important things in life.
   ❑ all ❑ everything ❑ none
8. I gave a bar of chocolate to ... child.
   ❑ all ❑ everyone ❑ each

*48. Wstaw **both**, **either** lub **neither**.*

1. There are two shops in my street but .... of them sells bread. I have to go to the baker's in High Street every day.
2. .... Maria and Inez come from Spain.
3. .... Paolo nor Guido comes from Spain. They are .... Italian.
4. 'Which of the films shall we watch tonight?' '................ would be fine with me. You choose.'

5. .... the Indian Ocean nor the Atlantic is the biggest ocean in the world.
6. 'Would you prefer your sausages with ketchup or mustard?' '............... . I'd like some mayonnaise, please.'
7. .... the armchairs are very comfortable so you may sit in .... of them.
8. 'Which of these two do you want?' '....................... . It doesn't matter.'
9. 'What do you suggest? A Coke or Sprite?' '....................... Let's order something really healthy for a change. A glass of freshly squeezed orange juice perhaps?
10. I had two appointments with my dentist and – unfortunately – I missed them ....

*49. Połącz podane pary zdań zamieniając je na jedno z użyciem konstrukcji **both ... and**, **either ... or** lub **neither ... nor**.*

Przykład: *Dan doesn't like pizza. And Mark doesn't like pizza.*
Neither *Dan* **nor** *Mark likes pizza.*

1. Steve didn't go to university. And Bob didn't go to university.
   ....
2. Ian goes to school by bus. And Rob goes to school by bus.
   ....
3. You can have a sandwich for lunch. Or you can have an omelette.
   ....
4. I often play tennis. My friend often plays tennis, too.
   ....
5. We will spend our holidays in Greece. Or in Spain.
   ....
6. This book is his. Or it's hers.
   ....
7. My Mum likes Mozart. And my Dad likes Mozart, too.
   ....
8. Mr. Smith didn't see the accident. The other man didn't see the accident, either.
   ....
9. This building was built in the nineties. That church was built in the nineties, too.
   ....
10. Andy doesn't speak Russian. Andy doesn't speak Polish, either.
    ....

6 *Articles and Related Words* – przedimki i inne określniki

Opanowanie użycia przedimków jest często trudne dla Polaków, ponieważ nie mają one odpowiedników w języku polskim.
Dlatego trzeba zwrócić szczególną uwagę na zasady ich używania.
Ci, którzy poznali już zasady ogólne, powinni analizować dłuższe teksty pisane przez Brytyjczyków i Amerykanów pod kątem użycia w nich przedimków. Takie podpatrywanie jak oni to robią, jest najlepszą metodą nauki poprawnego używania przedimków.

Przedimki **a**, **an**, **the** poprzedzają grupy rzeczownikowe. Szyk wyrazów poprzedzających rzeczownik w grupie rzeczownikowej jest następujący:

Article – Number – Adjective – Noun
czyli
przedimek – liczebnik – przymiotnik – rzeczownik

Z tego wynika, że przedimek może stać bezpośrenio przed liczebnikiem czy przymiotnikiem, jeśli poprzedzają one rzeczownik, albo przed samym rzeczownikiem:

The marmot said...	Świstak powiedział...
The sleepy marmot said...	Senny świstak powiedziało...
The five marmots said...	Pięć świstaków powiedziało...
The five sleepy marmots said...	Pięć sennych świstaków powiedziało...

W tej pozycji może znaleźć się nie tylko przedimek nieokreślony lub określony, ale także różne inne słowa, tzw. określniki. Oprócz przedimków, opisanych w tym rozdziale, rzeczowniki mogą być także poprzedzone formami dzierżawczymi rzeczowników i zaimków.

6.1 *Indefinite article* – przedimek nieokreślony

Przedimek nieokreślony **a** poprzedza rzeczowniki policzalne w liczbie pojedynczej:

A passing car splattered us with mud.	Przejeżdżający samochód opryskał nas błotem.
A monkey wrench is a useful thing to have.	Klucz nastawny to użyteczna rzecz.

Przed rzeczownikami *zaczynającymi się od samogłoski* stosuje się formę przedimka nieokreślonego **an**:

An anteater and **an** elephant went for a stroll.	Mrówkojad i słoń poszli na spacer.
Please buy me **an** orange and **an** apple.	Kup mi pomarańczę i jabłko.
He was wearing **an** old shirt.	Miał na sobie starą koszulę.

Wybór **a** lub **an** nie zależy od litery, od której zaczyna się następny wyraz, tylko od głoski (dźwięku), jaką się on zaczyna w wymowie:

She intended to join **a** union.   Zamierzała wstąpić do jakiegoś związku.
This graph shows **an** x-axis and a y-axis.   Ten wykres przedstawia oś x i oś y.

Zastosowanie

Przedimka nieokreślonego **a** używa się, gdy dany rzeczownik policzalny w liczbie pojedynczej pojawia się w wypowiedzi po raz pierwszy i mówiący nie wie nic bliższego na jego temat:

She's reading **a** scholarly journal.   Czyta (jakieś) czasopismo naukowe.

Jest on także używany, aby zaznaczyć, że dany rzeczownik traktowany jest jako reprezentant większej grupy:

A dog is **a** mammal.   Pies jest ssakiem.

Przedimka nieokreślonego **a** używamy, mówiąc o zawodzie wykonywanym przez daną osobę:

Stephanie is **a** welder.   Stephanie jest spawaczką.
Julian is **a** singer.   Julian jest piosenkarzem.
ale:
John and Victor are nurses.   John i Victor są pielęgniarzami.

Przedimek nieokreślony może zastępować, szczególnie w języku potocznym, liczebnik **one** przed dużymi liczbami:

Simon just won **a** hundred thousand dollars.   Simon wygrał właśnie sto tysięcy dolarów.
We expected **a** hundred people at the opening.   Spodziewaliśmy się setki ludzi na otwarciu.

Przedimek nieokreślony jest stosowany w odniesieniu do szybkości lub ceny:

He was driving thirty miles **an** hour.   Jechał trzydzieści mil *na* godzinę.
Apples are two dollars **a** pound.   Jabłka kosztują dwa dolary *za* funt.

Z reguły używa się przedimka nieokreślonego po **with** i **without** przed rzeczownikiem policzalnym w liczbie pojedynczej:

The boss was wearing a blouse **with a** bow.   Szefowa miała na sobie bluzkę z kokardą.
Al left the house **without a** jacket.   Al wyszedł z domu bez kurtki.
You can have the chicken with or **without a** salad.   Możesz zjeść kurczaka z sałatką lub bez.

Po **as** używa się przedimka nieokreślonego z rzeczownikami policzalnymi w liczbie pojedynczej:

As a politician, Lisle was successful; **as a** human being, he was not.
Jako polityk Lisle odniósł sukces; jako człowiek nie.

Lillian came dressed **as a** witch, but no one realized that she was in costume.
Lilian przyszła przebrana za czarownicę, ale nikt się nie zorientował, że ma na sobie kostium.

We can use the bed **as a** couch.
Możemy użyć łóżka jako kanapy.

6.2 *Definite article* – przedimek określony

Przedimek określony to słówko **the**. Ma on zawsze tę samą formę i występuje przed rzeczownikami policzalnymi i niepoliczalnymi w liczbie pojedynczej i mnogiej:

This is **the** only bridge over **the** river.
To jest jedyny most na rzece.

The cats are sitting on top of **the** bookcase.
Koty siedzą na biblioteczce.

Zastosowanie

Przedimek określony **the** jest używany z rzeczownikami będącymi jedynymi przedstawicielami swej klasy.

She was looking at **the** sun.
Patrzyła na słońce.

The earth turns round and round.
Ziemia się obraca.

The stosuje się w odniesieniu do rzeczownika, który już się pojawił w tekście albo jest skądinąd znany rozmówcy, a więc ściśle określony:

She's reading a scholarly journal. **The** journal is thick.
Czyta (jakieś) czasopismo naukowe. (To) czasopismo jest grube.

Porównaj:

Buy me **a** red skirt.
Kup mi (jakąś) czerwoną spódnicę.

Buy me **the** red skirt.
Kup mi (tę) czerwoną spódnicę.

Przedimek określony poprzedza także niektóre nazwy geograficzne, w tym nazwy oceanów, mórz, rzek, łańcuchów górskich i archipelagów.

I'd like to see **the** Atlantic Ocean, **the** Baltic Sea, **the** Thames, **the** Alps and **the** Bahamas.
Chciałabym zobaczyć Ocean Atlantycki, Morze Bałtyckie, Tamizę, Alpy i Bahamy.

Przed nazwami państw generalnie nie używa się żadnego przedimka. Wyjątkiem są nazwy zawierające rzeczownik pospolity (np. *republic*, *union*, *state*, *kingdom*), przed którymi stawia się przedimek określony:

She's going to visit **the** United States and **the** United Kingdom next year.	W przyszłym roku zamierza odwiedzić Stany Zjednoczone i Zjednoczone Królestwo.

Przed rzeczownikami policzalnymi w liczbie mnogiej oznaczającymi grupę ludzi tej samej narodowości, wykonujących ten sam zawód, itd. lub grupę zwierząt tego samego gatunku *nie stosujemy* **the**:

Cows are intelligent, amusing animals.	Krowy to inteligentne, zabawne zwierzęta.
Canadians speak a North American dialect of English.	Kanadyjczycy mówią północnoamerykańską odmianą angielskiego.
Archaeologists like the outdoors.	Archeologowie lubią być na świeżym powietrzu.

Przed nazwami dni tygodnia, miesięcy i ważniejszych świąt *nie stosujemy przedimka określonego*:

We could meet on **Monday**.	Moglibyśmy spotkać się w poniedziałek.
January is a dreary month.	Styczeń to ponury miesiąc.
Easter would be a good day for a family party.	Niedziela wielkanocna byłaby dobrym dniem na spotkanie rodzinne.

Nazw posiłków nie poprzedza się przedimkiem określonym, chyba że mówimy o konkretnym posiłku jako o wydarzeniu lub o posiłku, który gdzieś nam podano:

We had **lunch** at a restaurant.	Zjedliśmy obiad w restauracji.
Joan invited me over for **tea**.	Joan zaprosiła mnie na podwieczorek.
The four of them met for **dinner** at Sophy's.	Spotkali się we czwórkę na kolacji u Sophy.

Ale:

The dinner was a success.	Kolacja świetnie się udała.
I didn't like **the lunch**.	Nie smakował mi ten obiad.

Nazw następujących instytucji używa się *na ogół bez* **the**: **school** („szkoła", także „uczelnia"), **college** („szkoła wyższa", „uniwersytet", „kolegium"), **jail/gaol** („więzienie", „areszt śledczy"), **prison** („więzienie"), **church** („kościół"). W brytyjskim angielskim nie stosuje się żadnego przedimka także przed **university** („uniwersytet") i **hospital** („szpital") jako nazwami instytucji:

My daughter has to go to **school** in the morning, unless she can think of a good excuse.	Moja córka musi iść rano do szkoły, chyba że wymyśli jakąś dobrą wymówkę.
The murderer escaped from **prison**.	Morderca uciekł z więzienia.
We go to **church** every Sunday.	Co niedzielę chodzimy do kościoła.

Jeśli jednak mówimy o określonym budynku, w którym mieści się dana instytucja, musimy użyć przedimka:

The school is fairly large. — Szkoła jest dosyć duża.
The prison was always cold. — W więzieniu było zawsze zimno.
We went into **the** church. — Weszliśmy do kościoła.

6.3 *Demonstrative pronouns* – zaimki wskazujące

Zaimków wskazujących **this** (liczba mnoga **these**) i **that** (liczba mnoga **those**) używa się tak jak przedimków przed grupą rzeczownikową:

With **this** drink you'll add ten years to your life. — Dzięki temu napojowi zyskasz dziesięć lat życia.
These boots are killing me! — Te buty mnie wykańczają!
What does **that** man want? — Czego chce ten człowiek?
Those two jokers had better watch out! — Ci dwaj żartownisie niech lepiej uważają.

This lub **these** używa się, mówiąc o rzeczy lub osobie znajdującej się blisko osoby mówiącej. **That** lub **those** wskazują na to, że przedmiot lub osoba, o których mowa, znajdują się dalej od osoby mówiącej. W obu wypadkach odległość może być traktowana i dosłownie, i w sensie przenośnym (np. odległość w czasie, a nie w przestrzeni):

This house is bigger than **that** house. — Ten dom jest większy od tamtego.
Those applicants weren't as good as the current ones. — Tamci kandydaci nie byli tak dobrzy jak ci nowi.

Opowiadając o jakimś zdarzeniu, można użyć **this**, aby zaznaczyć, że było ono niezwykłe, najczęściej komiczne, i ubarwić opowieść:

Then she pulls **this** huge knife out of her purse. — A potem wyciąga z torebki ten wielki nóż.

> Alison came in wearing **this** weird hat.
> Alison weszła w tym dziwnym kapeluszu.

6.4 Inne określniki

Inne określniki poprzedzają grupę rzeczownikową

Określnik **some** „trochę", „kilka" może odnosić się do rzeczowników policzalnych w liczbie mnogiej albo do rzeczowników niepoliczalnych. Mówiąc o rzeczownikach policzalnych w liczbie pojedynczej, należy użyć **a** lub **one**, a nie **some**:

> Could I have **some** hot tea, please?
> Czy mogłabym dostać (trochę) herbaty?

> **Some** drunks were singing outside my window.
> Jacyś pijacy śpiewali pod moim oknem.

All jako określnik odnosi się do całej grupy ludzi, rzeczy lub zwierząt, dlatego stosuje się go do stwierdzeń ogólnych:

> **All** real doctors play golf on Wednesdays.
> Wszyscy prawdziwi lekarze grają w golfa w środy.

> She detests **all** men with beards.
> Nie znosi wszystkich brodatych mężczyzn.

Every („każdy, każda, każde") ma znaczenie zbiorowe, oznacza przynależność do grupy i zawsze poprzedza rzeczowniki w liczbie pojedynczej:

> In the US **every** town has at least one motel.
> W USA każde miasto ma co najmniej jeden motel.

> **Every** person in the room stood up.
> Wszystkie osoby znajdujące się w pokoju wstały z miejsc.

> I think Ken knows **every** single rock on the shore.
> Ken zna chyba każdą nadbrzeżną skałę.

Each także oznacza przynależność do grupy, ale podkreśla, że każdy członek grupy jest traktowany indywidualnie:

> **Each** toy is inspected individually.
> Każda zabawka jest osobno sprawdzana.

> We admired **each** item in the window.
> Podziwialiśmy każdą z rzeczy na wystawie.

Porównaj:

> **Every** girl had to leave the party early.
> Wszystkie dziewczyny musiały wcześnie wyjść z imprezy.

> **Each** girl lived in a different part of the city.
> Każda z dziewczyn mieszkała w innej części miasta.

Both oznacza „obaj, obie, oboje", a więc podkreśla, że dane stwierdzenie odnosi się i do jednej, i do drugiej z dwojga osób, rzeczy, etc.:

> **Both** companies sell green sunscreen.
> Obie firmy sprzedają zielony krem do opalania.

| Each crook tried to blame the other, but in the end **both** men were convicted. | Oszuści próbowali obwiniać się nawzajem, ale w końcu obaj zostali skazani. |

Bardziej neutralne jest wyrażenie **the two** znaczące „(te) dwie", „(ci) dwaj/dwoje":

| **The two** friends talked on the phone every day. | Dwaj przyjaciele rozmawiali codziennie przez telefon. |
| **The two** companies work together. | Te dwie firmy współpracują ze sobą. |

Either oznacza „każdy/którykolwiek z dwojga", „albo jeden, albo drugi", a więc odnosi się zawsze do dwojga ludzi, dwóch rzeczy, wydarzeń, itd. traktowanych osobno, ale może też oznaczać „każdy/każda z dwóch", „obaj, obie, oboje":

Either boy would do it for you.	Każdy z chłopców to dla ciebie zrobi.
You can have **either** one but not both.	Możesz wziąć którykolwiek, ale nie oba.
I don't care; you can give me **either** kind.	Obojętne; możesz mi dać którykolwiek.
The actress came down the corridor with a bodyguard on **either** side.	Aktorka szła korytarzem z ochroniarzem przy każdym boku.

Neither oznacza „żaden/żadna/żadne z dwóch":

| **Neither** girl was interested in dolls. | Żadna z dziewcząt nie interesowała się lalkami. |
| **Neither** textbook contains any useful information. | Żadna z książek nie zawiera przydatnych informacji. |

No używane jest jako określnik o znaczeniu negatywnym, ale w przeciwieństwie do wielu innych określników nie może występować jako zaimek. Zaimkiem odpowiadającym **no** jest **none**:

| **No** news is good news. | Brak wiadomości to dobra wiadomość. |
| **No** woman in her right mind would say such a thing. | Żadna kobieta przy zdrowych zmysłach nie powiedziałaby czegoś takiego. |

No poprzedza przede wszystkim grupy rzeczownikowe w funkcji podmiotu. W innych wypadkach zamiast **no** używa się zazwyczaj **not... any**:

| After all those peas, I did**n't** want **any** beans. | Po tym grochu nie miałam ochoty na żadną fasolę. |

Ćwiczenia

6.1 Przedimek nieokreślony/6.2 Przedimek określony

*50. Uzupełnij poniższe zdania przedimkiem **a**, **an** lub **the** tam, gdzie jest to konieczne. Niektóre miejsca powinny zostać puste.*

1. She earns 85 pounds .... week.
2. It never snows here at .... Christmas.
3. My sister is .... intelligent young woman.
4. Cigarettes are 1 pound .... packet.
5. .... longest river in .... world is .... Amazon.
6. Did you see her in .... morning?
7. .... Asia is much larger than .... Europe.
8. I went to .... church to see the vicar.
9. Edward spent half .... hour waiting for you to come.
10. .... capital of .... Spain is .... Madrid.
11. Uncle Donald is .... architect.
12. The truck was travelling at a speed of 130 km .... hour.
13. Can you see .... moon up there?
14. Look at .... sky! It's so blue today.
15. .... tulips are my favourite flowers.
16. Where are .... tulips I bought?
17. Are you .... honest person?
18. .... President of .... USA visited .... Iraq yesterday.
19. Are there any whales in .... North Sea?
20. .... biggest mountain range in Peru is .... Andes.
21. Have you heard .... news? Lorena's in .... hospital. She's having .... operation.
22. Ed's in .... prison again. This time he was caught red-handed when he was burgling a house.
23. What's .... longest river in .... Poland?
24. I had .... lunch at 12 o'clock and then I went to .... hospital to visit Aunt Harriet.
25. The Stevensons are .... writers. Mrs Stevenson writes detective stories and her husband writes stories for .... children.
26. Sheila drives .... yellow sports car.
27. I've got .... couple of books for you.
28. Take these pills four times .... day.
29. I go to .... school by .... tram.
30. .... tomatoes are quite cheap at this time of the year.

6.3 Zaimki wskazujące

*51. Uzupełnij zdania wstawiając **this**, **that**, **these** lub **those**.*

1. – What are you carrying, Steve?
   – .... are my new tennis rackets.
2. – Mum, ... are my friends, Lucy, Fiona and Yvonne.
   – How do you do, Mrs Johnson.
   – How do you do, girls.
3. Can you see................ hills, over there? I used to live there when I was a child.
4. Look at .... cloud. It's so huge.
5. – How long are you going to stay there?
   – Just a couple of days. We're leaving .... weekend.

6.4 Inne określniki

*52. Wstaw **every** lub **each**.*

1. She had a birthmark on .... cheek.
2. The shop is open .... day except Sunday.
3. .... time I meet her she is in a hurry.
4. .... of us wanted to get her autograph.
5. The buses run .... twenty-five minutes.

*53. Wstaw **both**, **either** lub **neither**.*

1. Sheila and Barbara are twins. They are fantastic. I like .... of them.
2. .... of her children lives in Poland. Her daughter lives in Spain and her son in Russia.
3. Which do you prefer, winter or summer? .... It doesn't really matter.
4. Did it happen on Monday or Tuesday? .... It was Sunday.
5. My husband and I didn't sleep much last night because our baby cried most of the time. We are .... very tired now.

7 *Quantities and Measurements* – wyrażanie ilości

Wyrażając ilość po angielsku, trzeba koniecznie pamiętać o różnicy między rzeczownikami policzalnymi i niepoliczalnymi.

Pytania

Polskie pytanie „ile?" można zadać po angielsku na różne sposoby w zależności od tego, czy pytamy o coś, co da się policzyć, czy o coś niepoliczalnego (np. płyny, artykuły sypkie, wszystko, co może być postrzegane jako masa). Jeśli pytamy o coś, co da się policzyć, powiemy: **How many...?** Innymi słowy pytania **How many...?**, używa się z rzeczownikami policzalnymi. Jeżeli natomiast pytamy o masę, użyjemy pytania **How much...?** (odpowiedź może brzmieć np. „dwa litry", itd.). Wynika z tego, że **How much...?** to pytanie używane z rzeczownikami niepoliczalnymi:

> **How many** calves are there? Ile jest cieląt?
> **How much** milk have we got? Ile mamy mleka?

Często można rzeczownik niepoliczalny „zamienić" w policzalny, np. mówiąc o naczyniu, w którym znajduje się jakiś płyn:

> **How much** *wine* should I buy? Ile wina mam kupić?
> **How many** *bottles of wine* should I buy? Ile butelek wina mamy kupić?

Można także pytać o jednostki miary, traktując je jako rzeczowniki policzalne:

> **How many** *liters of wine* should I buy? Ile litrów wina mam kupić?

Rzeczownik **money** jest w języku angielskim traktowany jako niepoliczalny:

> **How much** money do you have on you? Ile masz przy sobie pieniędzy?
> **How much** money has that rich man got? Ile pieniędzy ma ten bogacz?

Ponieważ rzeczownik **money** jest niepoliczalny, łączy się po angielsku z czasownikiem w liczbie pojedynczej, w przeciwieństwie do polskiego rzeczownika „pieniądze", który wymaga czasownika z końcówką liczby mnogiej:

> **Money doesn't** help much when a girlfriend dumps you. Pieniądze niewiele pomagają, kiedy rzuci cię dziewczyna.

W odpowiedziach na powyższe pytania najczęściej podaje się określoną sumę pieniędzy:

I have **five dollars and twenty five cents**.	Mam pięć dolarów i dwadzieścia pięć centów.
He has **three million pounds**.	Ma trzy miliony funtów.

Z rzeczownikami policzalnymi używamy **many** w znaczeniu „wiele", „dużo", **few** w znaczeniu „kilka", „niewiele" oraz **a few** w znaczeniu „kilka", „parę", „trochę":

That library has **many** good books.	W bibliotece jest wiele dobrych książek
Many people disagree.	Wiele osób się z tym nie zgadza.
Eleanor took **few** blouses along on her trip.	Eleanor wzięła ze sobą w podróż zaledwie kilka bluzek.
Few people like to swim with sharks.	Niewiele osób lubi pływać z rekinami.
A few teeth fell on the floor.	Kilka zębów poleciało na podłogę.
There were **a few** candles in the drawer.	W szufladzie było kilka świeczek.

Chociaż **many** można stosować w zdaniach oznajmujących, najczęściej używa się tego słowa w przeczeniach i pytaniach:

She doesn't have **many** friends.	Ma niewielu przyjaciół.

Często spotykane wyrażenie **quite a few** oznacza „sporo", „dosyć dużo":

Ralph read **quite a few** books while he was recovering.	Ralph przeczytał sporo książek, kiedy dochodził do zdrowia.
Quite a few people stir their tea with their finger.	Sporo ludzi miesza herbatę palcem.

Z rzeczownikami niepoliczalnymi używa się **much** w znaczeniu „dużo", **little** w znaczeniu „mało", „niewiele" oraz **a little** w znaczeniu „trochę", „niewielka ilość". **Much** stosuje się najczęściej w pytaniach i zdaniach przeczących:

There isn't **much** to eat in the house.	W domu jest niewiele do jedzenia.
Don't make so **much** noise!	Nie rób tyle hałasu!
The employees had **little** to do.	Pracownicy mieli niewiele do roboty.
Olga ate **little** soup but much cake.	Olga zjadła niewiele zupy, ale dużo ciasta.
A little rest would do you good.	Przydałoby ci się trochę odpoczynku.
Would you like **a little** milk with your coffee?	Czy chciałabyś trochę mleka do kawy?

W mowie potocznej często używa się wyrażeń **a lot** (**of**) lub **lots of** w znaczeniu „dużo", „wiele". Oba wyrażenia mogą się odnosić i do rzeczowników policzalnych, i do niepoliczalnych. Poza tym w zdaniach oznajmujących brzmią one o wiele naturalniej niż **much** czy **many**. Należy także pamiętać, że z **a lot of** czy **lots of**, w przeciwieństwie do **much** i **many**, nie można używać słówka **too** („zbyt wiele"):

We ate **lots of** lasagna.   Zjedliśmy dużo lasagni.
We talked to **a lot of** people that we knew.   Rozmawialiśmy z wieloma ludźmi, których znamy.

ale:

We ate **too much** lasagna.   Zjedliśmy za dużo lasagni.
We talked to **too many** people.   Rozmawialiśmy ze zbyt wieloma ludźmi.

Ćwiczenia

7 Wyrażanie ilości

*54. Wstaw **many**, **much** lub **a lot of**. W niektórych zdaniach jest kilka możliwości.*

1. Linda eats .... ice-cream every day. Too ...., I think.
2. There aren't .... interesting places in our town. Just the Town Hall and two old churches.
3. How .... time do we have? Can I still eat something?
4. I didn't spend .... money. I bought some souvenirs and a box of chocolates.
5. This car is not really a good buy. It uses too .... petrol and the spare parts are very expensive.
6. There isn't .... to do here. The only cinema is closed, the roller skating rink is being repaired and it's raining at the moment.
7. How .... times have I told you not to leave this door open!
8. You've made .... mistakes in your homework, Don.
9. How .... do those sandals cost?
10. We have visited .... countries all around the world.

*55. Wstaw **few**, **a few**, **little** lub **a little**.*

1. I'd be happy to help you. However, there's .... problem. I don't know how to operate this scanner.
2. I last went to the cinema .... days ago.
3. Very .... has been done to help the poor and homeless in our country.
4. I'm going shopping. I need to buy .... things.
5. I have very .... money.
6. There is .... hope left that he will be found alive.
7. There were quite .... people waiting at the entrance.
8. I heard .... knocks at the door and I thought it was you.
9. I have very .... time today. Let's talk tomorrow, shall we?
10. Only .... of us know the secrets of the Royal Family.

8 *Adjectives* – przymiotniki

8.1 *General remarks* – uwagi ogólne

Przymiotniki w języku angielskim mają tę samą formę dla wszystkich przypadków, liczb i rodzajów.

    The **hungry** dog stole the sausage.   Głodny pies ukradł kiełbasę.
    I fed a **hungry** dog.   Nakarmiłam głodnego psa.
    The two **hungry** dogs were fighting over some meat.   Dwa głodne psy walczyły o mięso.

Czasowniki angielskie, tak jak polskie, często przyjmują formę imiesłowów.

Imiesłów bierny, tzw. *Past Participle*, używany do tworzenia strony biernej, często funkcjonuje także w roli przymiotnika. Po polsku odpowiadają mu często imiesłowy z końcówkami -*ny*, -*na*, -*ne*:

    The **lost** keys turned up in the pocket of a thief.   Zgubione klucze znalazły się w kieszeni złodzieja.
    The **needed** funds were provided by a local millionaire.   Potrzebne fundusze zostały dostarczone przez lokalnego milionera.

Imiesłów czynny przybiera w języku angielskim formę czasownika z końcówką **-ing** i używa się go do tworzenia czasów ciągłych. Imiesłów czynny występuje także w funkcji przymiotnika. Po polsku odpowiadają mu imiesłowy z końcówkami -*ący*, -*ąca*, -*ące*:

    The fall**ing** tree hit Cassie's house.   Walące się drzewo spadło na dom Cassie.
    Don't try to get out of a mov**ing** vehicle.   Nie próbuj wysiadać z poruszającego się pojazdu.
    The los**ing** team must pay for the beer.   Przegrywająca drużyna musi zapłacić za piwo.

Przymiotniki odnoszące się do narodowości pisze się wielką literą tak, jak odpowiadające im rzeczowniki:

    Let's order an **English** breakfast.   Zamówmy angielskie śniadanie.
    Bobby finally woke up from the **American** dream.   Bobby w końcu ocknął się ze snu o Ameryce.

8.2 *Comparison of Adjectives* – stopniowanie przymiotników

Niektóre przymiotniki stopniują się w sposób regularny:

tall	wysoki
taller	wyższy
tallest	najwyższy
late	późny
later	późniejszy
latest	najpóźniejszy

Stopień wyższy przymiotnika, wskazujący, że coś ma pewną cechę w większym stopniu („bardziej"), tworzy się przez dodanie do formy podstawowej końcówki **-er**. Stopień najwyższy („najbardziej") tworzy się, dodając do formy podstawowej końcówkę **-est**:

Vincent is tall, but Nick is tall**er**.
That elephant is the bigg**est**.
Harold's new**est** tie has red lobsters on a white background.

Vincent jest wysoki, ale Nick jest wyższy.
Tamten słoń jest największy.
Najnowszy krawat Harolda jest w czerwone homary na białym tle.

 Jeśli przymiotnik kończy się na spółgłoskę +**y**, to dodając końcówki **-er**, **-est** należy **-y** zamienić na **-i**:

funny – funn**i**er – funn**i**est
No one could make funn**i**er cartoons.

zabawny – zabawniejszy – najzabawniejszy
Nikt nie narysowałby śmieszniejszych komiksów.

Niektóre przymiotniki tworzą stopień wyższy i najwyższy w sposób nieregularny:

bad	**worse**	**worst**	zły, niedobry
good	**better**	**best**	dobry
well	**better**	**best**	zdrowy
far	**farther, further**	**farthest, furthest**	daleki
little	**less**	**least**	mały
much	**more**	**most**	dużo
many	**more**	**most**	wiele

The patient looked **better** after a while.
That was the **worst** day of my life!

Po jakimś czasie pacjent wyglądał lepiej.
To był najgorszy dzień mojego życia!

Opisowe stopniowanie przymiotników

Wiele przymiotników należy stopniować w sposób opisowy: stawiając **more** i **most** przed formą podstawową przymiotnika:

It was the **most** useless thing in the world!
To była najbardziej bezużyteczna rzecz na świecie!

Przymiotniki dwu- lub więcej sylabowe rzadko tworzą stopień wyższy i najwyższy poprzez dodanie końcówek. Najczęściej można je stopniować tylko w sposób opisowy:

The painting became **more** beautiful every day.
Z każdym dniem obraz stawał się piękniejszy.

This room is **most** comfortable.
Ten pokój jest niezwykle wygodny.

Krótkie przymiotniki wywodzące się z łaciny i greki również najczęściej tworzą stopień wyższy i najwyższy w sposób opisowy:

Her style has become **more** modern.
Jej styl stał się bardziej nowoczesny.

Al isn't the **most** patient person.
Al nie jest najcierpliwszym człowiekiem.

Przymiotniki mające taką samą formę jak imiesłowy tworzone od czasowników na ogół także nie przyjmują końcówek w stopniu wyższym i najwyższym:

The new clerk made the **most** glaring errors.
Nowy urzędnik popełniał niezwykle rażące błędy.

Ron thought geometry was **more** boring than biology, but Delia thought it was the **most** interesting subject.
Ron uważał, że geometria jest nudniejsza od biologii, ale zdaniem Delii jest to najciekawszy przedmiot.

Przymiotniki określające przynależność narodową stopniuje się w sposób opisowy:

The immigrants were **more** French than the French themselves.
Imigranci byli bardziej francuscy niż sami Francuzi.

8.3 Adjectives in the Noun Phrase – przymiotniki w grupie rzeczownikowej

Przymiotniki najczęściej występują w grupie rzeczownikowej bezpośrednio przed rzeczownikami:

The **furious** customer shouted at the impassive waiter.
Wściekły klient krzyczał na beznamiętnego kelnera.

The **proud** peacock showed off its tail.
Dumny paw prezentował swój ogon.

Jeśli jednak przymiotnikowi określającemu rzeczownik towarzyszy grupa przyimkowa, to umieszcza się go po rzeczowniku:

Parents **proud of their children** like to tell others about them.
Rodzice dumni ze swoich dzieci lubią o nich opowiadać innym.

Anybody **furious at a waiter** would scream too.
Wszyscy inni ludzie wściekli na kelnera także by krzyczeli.

Zbędny rzeczownik

W języku polskim, aby nie powtarzać rzeczownika, możemy go pominąć i użyć samego przymiotnika poprzedzonego zaimkiem wskazującym, np.: „Wezmę tę żółtą". W języku angielskim nie jest to możliwe, ale rzeczownik można zastąpić zaimkiem **one**:

I'll take the yellow **one**.
Wezmę tę żółtą.

Do you mean the fat **one** or the skinny **one**?
Mówisz o tym grubym czy o tym chudym?

Rzeczownik w liczbie mnogiej może zostać zastąpiony przez **ones**:

I really like the blue **ones**.
Bardzo podobają mi się te niebieskie.

8.4 Adjectives after verbs – przymiotniki po czasownikach

Przymiotników można używać po takich czasownikach jak **be** („być"), **seem** i **appear** („wydawać się"), **get** i **become** („stawać się") lub **stay** i **remain** („zostawać, pozostawać"). W języku potocznym częściej stosuje się **seem**, **get** i **stay** niż **appear**, **become** czy **remain**:

You**'re** crazy!	Oszalałaś!
The book on basket weaving **seemed** interesting.	Książka o pleceniu koszy wydawała się ciekawa.
You won't **get** rich that way.	W ten sposób nie staniesz się bogaty.
The class **remained** quiet.	Klasa była cicho.

Z nazwami kolorów używa się czasownika **turn** w znaczeniu „stać się", „zrobić się":

Julia **turned red** with embarrassment.	Julia zaczerwieniła się ze wstydu.
When I washed my new jeans, the water **turned blue** – and so did all the other clothes.	Kiedy prałam swoje nowe jeansy, woda zrobiła się niebieska i wszystkie pozostałe ubrania też.

W przeciwieństwie do języka polskiego po takich czasownikach jak **look** („wyglądać"), **sound** („brzmieć"), **taste** („smakować"), **smell** („pachnieć") oraz **feel** („czuć") należy w angielskim użyć przymiotnika, a nie przysłówka:

Everyone **looked** great.	Wszyscy świetnie wyglądali.
This old Easter egg **smells** rotten.	To stare jajo z Wielkanocy okropnie śmierdzi.
It **felt** good.	To było przyjemne.

8.5 *Good – well*

Przymiotniki **good** i **well** różnią się znaczeniem: **good** to „dobry", „grzeczny", a **well** „zdrowy", „dobrze wyglądający". Przymiotnik **good** używany jest powszechnie w wielu różnorodnych kontekstach, natomiast **well** jako przymiotnik zawsze odnosi się do zdrowia:

They enjoyed the **good** meal.	Z przyjemnością zjadły smaczny posiłek.
The children were being **good**.	Dzieci były grzeczne.
I don't feel **well**.	Nie czuję się dobrze.
His old mother isn't looking **well**.	Jego stara matka nie wygląda zbyt dobrze.

8.6 *Own*

Przymiotnik **own** („własny, własna, własne") może wystąpić w zdaniu wyłącznie po odpowiednim zaimku dzierżawczym:

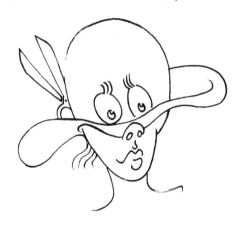

She makes all her **own** hats.
Sama robi wszystkie swoje kapelusze.

I feel like a stranger in my **own** house.
Czuję się we własnym domu jak ktoś obcy.

Porównania

Stopnia wyższego przymiotnika czasem używa się, porównując dwie osoby lub rzeczy, natomiast stopnia najwyższego – w odniesieniu do więcej niż dwojga ludzi czy więcej niż dwóch rzeczy. W mowie potocznej ta reguła nie obowiązuje.

Geraldine is the old**er** of the two sisters.
Geraldine jest starszą z dwóch sióstr.

Geraldine is the old**est** of the three sisters.
Geraldine jest najstarsza z trzech sióstr.

Porównanie z użyciem *than*

Jeśli porównujemy dwie osoby lub rzeczy i chcemy zaznaczyć, że jedna z nich ma pewną właściwość czy cechę w większym stopniu niż druga, zastosujemy konstrukcję z **than** („niż"):

Kate is happier **than** Stephanie.
Kate jest szczęśliwsza niż Stephanie.

My computer is more powerful **than** your computer.
Mój komputer jest mocniejszy niż twój.

Tej samej konstrukcji używa się także, jeśli pierwsza z wymienionych osób czy rzeczy ma daną cechę w mniejszym stopniu niż druga:

| The stepsisters were less beautiful **than** Cinderella. | Przyrodnie siostry były brzydsze niż Kopciuszek. |

Jeżeli **than** wprowadza zdanie podrzędne, to zaimek osobowy, przynajmniej w języku mówionym, przyjmuje formę dopełnienia:

| His brother is much taller **than him**. | Jego brat jest od niego o wiele wyższy. |

8.7 *Than*

Jeżeli **than** wprowadza zdanie podrzędne, najczęściej stosuje się po **than** podmiot i odpowiedni czasownik posiłkowy:

| Sarah looks older *than* Jessica **does**. | Sarah wygląda starzej niż Jessica. |
| Stephen was less experienced in catching potato bugs *than* Meredith **was**. | Stephen miał mniejsze doświadczenie w łapaniu stonki niż Meredith. |

Zamiast słowa posiłkowego można też użyć czasownika zwykłego:

| Law is more interesting *than* it **looks**. | Prawo jest ciekawsze, niż na to wygląda. |

8.8 Porównanie za pomocą konstrukcji *as... as*

Jeśli dwie rzeczy lub dwoje ludzi ma pewną cechę w tym samym stopniu, możemy wyrazić to po angielsku za pomocą konstrukcji **as** + podstawowa forma przymiotnika + **as**:

| My pregnant cousin is **as big as** a house. | Moja ciężarna kuzynka jest wielka jak dom. |
| Gary looks **as healthy as** his father. | Gary wygląda równie zdrowo jak jego ojciec. |

Konstrukcja **as... as** może tak jak **than** wprowadzać zdanie podrzędne:

The soup tastes just **as sweet as** the cake does.	Zupa jest tak samo słodka jak ciasto.
Their children are **as fat as** they are.	Ich dzieci są tak samo grube jak oni.
Paddy was **as pleasant as** I had expected him to be.	Paddy był tak miły, jak się spodziewałam.

8.9 „Naj"

Po czasowniku można użyć najwyższego stopnia przymiotnika z **the** lub bez niego:

| The small green alien was **(the) friendliest**. | Ten mały zielony kosmita był najsympatyczniejszy. |
| That building is **the most modern**. | Tamten budynek jest najnowocześniejszy. |

Jeśli chce się zaznaczyć, że dany osobnik albo rzecz wyróżnia się w grupie, charakteryzując się jakąś cechą w największym lub najmniejszym stopniu, należy użyć konstrukcji z **of**. W tym przypadku obowiązkowo trzeba także zastosować **the** przed przymiotnikiem w stopniu najwyższym:

Brady was **the stupidest of** lizards.   Brady był najgłupszą z jaszczurek.

That story was **the funniest of** all.   Ta opowieść była najśmieszniejsza ze wszystkich.

8.10 Pytania ogólne

Chcąc spytać o cechę jakiejś rzeczy, użyjemy pytania: **What is it like?** „Jakie to jest?". Pytanie można odpowiednio modyfikować, zmieniając czas gramatyczny czy wprowadzając czasownik ułomny:

What's the weather been **like**?   Jaka jest ostatnio pogoda?

What should the drawing be **like**?   Jak powinien wyglądać ten rysunek?

Pytanie o podobnym wydźwięku to: **How is it?** „Jakie to jest?", które stosuje się najczęściej zwracając się do kogoś bezpośrednio.
How is it? to najczęściej prośba o ocenę czegoś:

How's the pumpkin salad?   Jak ci smakuje sałatka z dyni?

Porównaj następujące dialogi:

– Osoba A:

What was the music **like**?   Jaka była muzyka?

– Osoba B:

It was a mixture of jazz and blues.   Mieszanka jazzu z bluesem.

– Osoba A:

How was the music?   Jaka była muzyka?

– Osoba B:

It was too loud, the pianist wasn't very good, but otherwise it was all right.   Była zbyt głośna, pianista był nie najlepszy, ale ogólnie była niezła.

Jeśli pytanie **How...?** dotyczy osoby, oznacza to, że pytamy o jej samopoczucie lub o to, co się z nią dzieje:

How are your parents?   Jak się czują twoi rodzice? / Co słychać u twoich rodziców?

Hi! **How**'ve you been?   Cześć! Jak leci?

Porównaj następujące dialogi:

– Osoba A:
How is your brother? — Co słychać u twojego brata?

– Osoba B:
He's OK. — U niego wszystko w porządku.

– Osoba A:
What is your brother **like**? — Jaki jest twój brat?

– Osoba B:
He's tall, handsome and energetic. — Jest wysoki, przystojny i energiczny.

Pytając o kolor, trzeba użyć czasownika **be**:

– Osoba A:
What color **is** it? — Jaki to ma kolor?

– Osoba B:
It's blue and green. — Jest niebiesko-zielone.

Jak? Jaki? Jaka? Jakie?

Pytania, które po polsku zaczynają się od „jak? jaki? jaka? jakie?", najczęściej są wyrażane po angielsku według schematu: **What... like?**

What does it look **like?** — Jak to wygląda?
What did the perfume smell **like?** — Jak pachniały te perfumy?

Ćwiczenia

8.1 Uwagi ogólne

56. Zaznacz prawidłową odpowiedź.

1. I'm .... in ancient art.
   ❑ interested   ❑ interesting
2. I can't call it a .... job. I get a low salary, have to work overtime and haven't had a holiday for two years.
   ❑ satisfied   ❑ satisfying
3. The .... man expressed a wish to see his first wife.
   ❑ died   ❑ dying
4. This phrase is used mostly in ... language.
   ❑ spoken   ❑ speaking
5. You are looking now at the ... product which took years of research to complete.
   ❑ finished   ❑ finishing
6. We need to buy a new ... machine.
   ❑ washed   ❑ washing
7. The galaxy is full of bright ...... gases moving around at very high speeds.
   ❑ glowed   ❑ glowing
8. She asked me to buy her a bottle of ... mineral water.
   ❑ sparkled   ❑ sparkling

8.2 Stopniowanie przymiotników

57. Uzupełnij zdania stopniem wyższym lub najwyższym przymiotnika lub przysłówka podanego w nawiasie.

Przykład: *She is .... **the best** .... (good) dancer in the whole school.*

1. Please click here for .... (far) details.
2. It was .... (cruel) joke anybody has ever played on him. You should be ashamed of yourself!
3. Linda is .... (pretty) girl in our class.
4. What's .... (important) thing in your life? Is it your work or your family?
5. Tony is .... (happy) now than he was last month after he lost his job.
6. Skateboarding is .... (fascinating) sport I can think of.

58. Uzupełnij zdania przymiotnikami z ramki, używając ich w stopniu wyższym lub najwyższym.

| bad | big | comfortable | common | expensive |
| far | good | helpful | old | wide |

There are a lot of restaurants in our town, but the Old Bakehouse is my favourite. I often have dinner here with my .... (1) sister. It's the .... (2) restaurant I've ever been to. It's not far from where I live, well, it's a bit .... (3) than the Maxwell, to be precise, but still it's not much of a distance. Anyway, they serve exotic meals, like Spanish paella or Indian curry, as well as .... (4) English dishes. Lamb chops are my favourite! The tables are quite big, ... (5) than at the Maxwell, for example, but the chairs could be a bit .... (6) They're a bit too hard. The staff are .... (7) than in any other restaurant in our town. The waiters are polite and always willing to give advice. They also serve excellent wines from all around the world and have a .... (8) choice than most of the other restaurants. The .... (9) thing about the Old Bakehouse is that it's the .... (10) restaurant in our town!

8.3 *Adjectives in the Noun Phrase* – przymiotniki w grupie rzeczownikowej

*59. Uzupełnij podane zdania zaimkiem **one** lub **ones** lub wyrażeniem podanym w nawiasie; w niektórych przypadkach konieczne będzie użycie przedimka **a** lub **the**.*

Przykład: – Which of those two pictures was painted by your sister?
– .... **The one on the left** .... (on the left).

1. Can you see those dictionaries over there. Pass me .... (bigger).
2. Mmm. These cakes are really good. Please have ....
3. I threw away my old cushions and bought some .... (new).
4. I haven't got a car but I'm going to buy ....
5. Look there! It's one of the Altman sisters. .... (older), I think.
6. I wanted to buy a short black corduroy skirt but I couldn't find ....
7. She's bought a car. .... (second-hand).
8. I bought four new chairs for my dining room so I threw .... (old) away.

8.4 Przymiotniki po czasownikach

60. Uzupełnij podane zdania, wstawiając przymiotnik lub przysłówek.

Przykład: *She sings .... **beautifully** .... (beautiful/beautifully)*
*The meals tasted really .... **good** .... (good/well)*

1. I feel .... (safe/safely) when I'm with you.
2. You look .... (happy/happily). I guess you've passed your test?
3. She looked at me .... (happy/happily) and handed me the tickets.
4. Your idea sounds .... (good/well)
5. Your tea is getting .... (cold/coldly). You'd better drink it now.
6. This flower smells .... (sweet/sweetly)

8.5 *Good – well*

*61. Wstaw odpowiednio **good** lub **well**.*

1. I've heard you're ill. I hope you get .... soon.
2. I decided to stay home because I didn't feel ....
3. Too much coffee isn't .... for your health.
4. It's been a really .... day.
5. You don't look .... You'd better have a rest.

8.6 *Own*

*62. Przepisz zdania, wstawiając we właściwym miejscu **own**.*

Przykład: *It's my house.*
*It's my **own** house.*

1. You have to take your provisions for the trip as meals are not included.
   ....
2. I'd like to have my car. Public transport can be a nuisance.
   ....
3. That would be really hard to believe, but I saw it with my eyes.
   ....
4. She's single and she lives on her.
   ....
5. My son is so unlike anyone from the family that it's hard to believe he's our flesh and blood.
   ....

8.7 *Than*

63. Zakreśl właściwą odpowiedź.

1. She's younger than I/<u>me</u>.
2. I go to the cinema more often than <u>she</u>/she does.
3. The weather was better than we <u>did</u>/expected.
4. Brian's more handsome than <u>Harry</u>/Harry does.
5. I'm better at maths than he/<u>he is</u>.

8.8 Konstrukcja as...as

64. Uzupełnij zdania wyrażeniami z ramki.

| as brown as | as easy as | as flat as | as gentle as |
| as like as | as quiet as | as tall as | as white as |

1. The journey was very boring. We passed sad towns and deserted villages and the countryside was .... a pancake. Not a single hill, not even a lake came into view.
2. She spent most of her holidays sunbathing and returned home .... a berry.
3. The exam wasn't difficult at all. Actually, it was .... ABC.
4. Being 1.98 m she's .... a giraffe.
5. Don't expect her to defend her opinions aloud. She's .... a mouse
6. The Taylor twins are .... two peas in a pod. You wouldn't tell them apart.
7. You shouldn't be afraid of my father. He may look a bit scary but in fact he's .... a lamb.
8. The girl left the Torture Chamber .... chalk.

8.10 Pytania ogólne

65. Zaznacz właściwe pytanie.

1. ..... He's fine.
   ❏ How's your father?   ❏ What's your father like?
2. ..... It's quite big with a garage and a beautiful garden.
   ❏ How's the house?   ❏ What's the house?
   ❏ What does the house look like?
3. ... She's tall with green eyes and blond hair.
   ❏ How's your she?   ❏ What's she?
   ❏ What's she like?
4. What colour ... your car?
   ❏ is   ❏ has
5. ... A bit busy, but OK.
   ❏ What was your day?   ❏ How was your day?

9 *Adverbs* – przysłówki

9.1 Różnica między przymiotnikiem a przysłówkiem

Chociaż Polacy najczęściej nie mają problemu z odróżnianiem przymiotników od przysłówków, warto wiedzieć, czym przysłówki różnią się w języku angielskim od przymiotników.

Przymiotniki opisują zawsze rzeczownik lub grupę rzeczownikową:

The **little** mouse was **nervous**.
Mała myszka była nerwowa.

Przysłówki mogą opisywać czasownik, przymiotnik, inny przysłówek albo całe zdanie:

Przysłówek opisujący czasownik (kursywą):

The jogger *ran* into the house **fast** and **immediately** *disappeared* into the bathroom.
Biegacz wbiegł szybko do domu i natychmiast zniknął w łazience.

Przysłówek opisujący przymiotnik (kursywą):

The **rather** *relieved* parents welcomed their **extremely** *tardy* son home.
Rodzice ze sporą ulgą powitali swojego niezwykle spóźnionego syna w domu.

Przysłówek opisujący przysłówek (kursywą):

You've weeded the garden **very** *thoroughly*.
Bardzo dokładnie powyrywałeś chwasty z ogródka.

9.2 Tworzenie przysłówków

Wiele przysłówków ma własną formę, której trzeba się po prostu nauczyć, ale istnieje także wiele takich, które można utworzyć od przymiotników. W tym celu należy do przymiotnika dodać końcówkę **-ly**:

probable	→	proba**bly**	prawdopodobnie
quick	→	quick**ly**	szybko
horrible	→	horri**bly**	okropnie

Ważne wyjątki

Niektóre przysłówki mają taką samą formę jak odpowiadające im przymiotniki:

back	z powrotem	**left/right**	na prawo/na lewo
close	blisko	**long**	długo
deep	głęboko	**near**	blisko
early	wcześnie	**right/wrong**	dobrze/źle;
enough	wystarczająco		właściwie/
far	daleko		niewłaściwie;
fast	szybko		poprawnie/
hard	ciężko, mocno		niepoprawnie
high	wysoko	**straight**	prosto
late	późno		

Adjectives:

Their service is **fast**.   Mają szybką obsługę.
But that hotel is too **far** from the train station.   Ale ten hotel jest zbyt daleko od dworca kolejowego.
Who knows the **right** answer?   Kto zna poprawną odpowiedź?

Adverbs:

Our secretary types **fast**.   Nasza sekretarka szybko pisze na maszynie.
On a clear day you can see **far**.   W pogodny dzień można daleko widzieć.
Can't you do anything **right**?   Nie potrafisz niczego zrobić dobrze?

Well

Well jako przysłówek znaczy „dobrze", a jako przymiotnik „zdrowy":

Adjective:

He was **well** when I last was there.   Był zdrowy, kiedy byłem tam ostatnim razem.

Adverb:

They did their work **well**.   Dobrze wykonali swoją pracę.

Przymiotniki z końcówką *-ly*

Niektóre przymiotniki mają końcówkę **-ly**: **elderly** („w podeszłym wieku"), **sickly** („chorowity"), **kindly** („uprzejmy"), **likely** („prawdopodobny") oraz **friendly** („przyjacielski", „miły"). Słowa te mogą być używane jedynie jako przymiotniki:

A nurse takes care of their **sickly** child. — Ich chorowitym dzieckiem zajmuje się pielęgniarka.
A **kindly** woman helped us. — Pomogła nam jakaś uprzejma kobieta.
It was **likely** that they would start fighting again. — Było prawdopodobne, że znowu zaczną się kłócić.
There comes that **friendly** man with his dachshund. — Właśnie nadchodzi ten miły pan ze swoim jamnikiem.

Jeśli musimy użyć przysłówka „prawdopodobnie", najlepiej jest zastosować słowo **probably**. Jeśli natomiast trzeba wyrazić stopień wyższy lub najwyższy tego przysłówka, najlepiej jest zastosować **more likely** i **most likely**.

They **probably** went home already. — Prawdopodobnie poszli już do domu.
Eric **most likely** was after the ice cream. — Eric najprawdopodobniej chciał lody.

Friendly

Nie istnieje przysłówek odpowiadający przymiotnikowi **friendly**. Aby wyrazić znaczenie przysłówkowe tego słowa, trzeba więc odwołać się do opisu. W tym celu **friendly** umieszcza się w wyrażeniu **in a friendly way**, lub w bardziej formalnych kontekstach – **in a friendly manner**. Oba tłumaczy się jako „miło", „serdecznie", „po przyjacielsku":

Whitney looked up **in a friendly manner**. — Whitney spojrzała na nas po przyjacielsku.
The business partners shook hands **in a friendly way**. — Partnerzy w interesach po przyjacielsku uścisnęli sobie dłonie.

Home

Słowa **home** bez żadnego przyimka używa się często w znaczeniu „do domu":

Ray got fed up and went **home**. — Ray miał tego dosyć i poszedł do domu.
Everybody was driving **home** from vacation on the same day. — Wszyscy jechali z wakacji do domu w ten sam dzień.

 Jeśli **home** występuje po czasowniku **be**, **stay** lub **remain**, to znaczy najczęściej tyle co „w domu". Jednak zazwyczaj jeśli chcemy powiedzieć „w domu", musimy użyć frazy **at home**:

They *were* **home** but refused to open the door.
Byli w domu, ale nie chcieli otworzyć drzwi.

Many college students *live* **at home** with their parents.
Wielu studentów mieszka w domu z rodzicami.

9.3 *Comparison of Adverbs* – stopniowanie przysłówków

Krótkie przysłówki stopniuje się najczęściej w sposób regularny, a więc przez dodanie końcówki **-er** w stopniu wyższym i **-est** w najwyższym:

close	clos**er**	clos**est**	blisko
early	earl**ier**	earl**iest**	wcześnie
fast	fast**er**	fast**est**	szybko
hard	hard**er**	hard**est**	ciężko, mocno
wide	wid**er**	wid**est**	szeroko

Oczywiście niektóre przysłówki stopniują się nieregularnie:

badly	**worse**	**worst**	źle
far	**farther, further**	**farthest, furthest**	daleko
little	**less**	**least**	mało
much	**more**	**most**	dużo
well	**better**	**best**	dobrze

The sound of jets overhead bothers us **less** than our neighbors' music.
Dźwięk przelatujących nad głowami odrzutowców mniej nam przeszkadza niż muzyka naszych sąsiadów.

Who can get there **the fastest**?
Kto może tam dotrzeć najszybciej?

Większość przysłówków trzeba stopniować opisowo za pomocą **more** i (**the**) **most**:

The robbers **more likely** got out through the back door.
Jest bardziej prawdopodobne, że rabusie uciekli tylnymi drzwiami.

He sang the **most beautifully**.
Śpiewał najpiękniej.

9.4 Przysłówki opisujące czasownik lub zdanie

Podczas gdy przysłówki opisujące przymiotniki lub inne przysłówki umieszcza się po prostu przed słowami, które opisują, pozycja przysłówków opisujących czasownik lub zdanie nie jest ściśle określona.

Przysłówki sposobu najczęściej występują przed czasownikiem, który opisują:

Dustin had **carefully** brushed his coat.
Dustin starannie wyczyścił swój płaszcz szczotką.

Ruby **cheerfully** hummed a song.
Ruby radośnie nuciła piosenkę.

Przysłówki sposobu mogą także występować po dopełnieniu. Jeśli czasownik nie ma dopełnienia, to przysłówek umieszcza się bezpośrednio po czasowniku:

Dustin had brushed his coat **carefully**.
Dustin starannie wyczyścił swój płaszcz szczotką.

Ruby hummed a song **cheerfully**.
Ruby nuciła piosenkę radośnie.

The police appeared **quickly**.
Policja pojawiła się szybko.

 Przysłówek nigdy nie może wystąpić między czasownikiem a jego dopełnieniem.

Przysłówki częstotliwości najczęściej umieszcza się bezpośrednio po (pierwszym) słowie posiłkowym lub przed słowem posiłkowym. Jeśli w zdaniu nie ma żadnego słowa posiłkowego, przysłówek występuje między podmiotem a czasownikiem zwykłym:

Jo would **never** do such a thing.
Jo nigdy by czegoś takiego nie zrobił.

I **sometimes** have seen him there.
Czasem go tam widuję.

The train **usually** arrives on time.
Pociąg zazwyczaj przyjeżdża punktualnie.

Przysłówki **always**, **usually**, **often**, **frequently**, **sometimes**, **occasionally** można użyć na początku zdania. Podkreślają wtedy jego wydźwięk.

Usually the train arrives on time, but where is it today?
Zazwyczaj pociąg przyjeżdża punktualnie, ale gdzie on się dzisiaj podziewa?

Occasionally they visit Mr. McMurtry, but **more often** they stay home and gossip about him.
Czasem idą odwiedzić pana McMurtry, ale częściej zostają w domu i plotkują na jego temat.

Niektóre przysłówki opisują całe zdanie. Ogólnie biorąc są to przysłówki wyrażające opinię rozmówcy na dany temat. Mogą one zajmować różne pozycje w zdaniu:

They've **evidently** gone to look for a bar.
Najwyraźniej poszli szukać jakiegoś baru.

Ross is **possibly** afraid of ghosts.
Możliwe, że Ross boi się duchów.

Unfortunately, he didn't do it.
Niestety nie zrobił tego.

Ćwiczenia

9.1 Różnica między przymiotnikiem a przysłówkiem

66. Przepisz podane zdania, zastępując przymiotnik odpowiednim przysłówkiem.

Przykład: Tom's a very careful driver.
Tom drives very carefully.

1. She's a bad singer.
   ....
2. Alex is a very good skier.
   ....
3. My sister's a poor tennis player.
   ....
4. You're a really fast talker!
   ....
5. I'm a hard-working person.
   ....

9.2 Tworzenie przysłówków

67. Utwórz przysłówki od podanych przymiotników.

1. straight ....
2. fluent ....
3. equal ....
4. logical ....
5. pure ....
6. fast ....
7. terrible ....
8. long ....
9. friendly ....
10. near ....
11. absolute ....
12. loud ....
13. back ....
14. early ....
15. gentle ....

68. Wybierz prawidłową odpowiedź. W niektórych zdaniach możliwe są dwa poprawne rozwiązania.

1. Let's go ... .
   ❏ to home   ❏ home   ❏ at home

2. Macy must have been ... . I saw someone's shadow behind the curtain.
   ❏ to home ❏ home ❏ at home
3. It was raining cats and dogs so we remained ... .
   ❏ to home ❏ home ❏ at home
4. Do we really have to go there? I wish we could stay ... .
   ❏ to home ❏ home ❏ at home
5. I was fed up with all the problems I had in the USA so I took the first plane ...
   ❏ to home ❏ home ❏ at home
6. What time do you usually come ... from work?
   ❏ to home ❏ home ❏ at home

9.3 Stopniowanie przysłówków

69. Uzupełnij zdania stopniem wyższym lub najwyższym podanego w nawiasie przymiotnika lub przysłówka.

Przykład: *Who can get there .... **the fastest** .... (fast)?*

1. He's treated .... (badly) than you.
2. You should eat .... (little) sweets or you'll be too fat for your clothes.
3. I can speak Spanish .... (well) than I speak English.
4. Herbert earns .... (much) money now, so he can afford to send his daughter to a private school.
5. If .... (many) people come to the party, we'll have to borrow some chairs from the neighbours.

9.4 Przysłówki opisujące czasownik lub zdanie

70. Przepisz poniższe zdania, wstawiając podany przysłówek w odpowiednie miejsce. W niektórych przypadkach możliwych jest kilka rozwiązań.

Przykład: *I go shopping every weekend. (usually)*
*I **usually** go shopping every weekend.*

1. I like my work. (rather)
   ....
2. He wasn't injured. (luckily/badly)
   ....
3. Have you been to New Zealand? (ever)
   ....
4. I spend the weekend with my parents. (sometimes)
   ....
   ....
5. They're right. (probably)
   ....

6. I've lost my wallet. (unfortunately)
   ....
7. I'll be waiting for you. (outside)
   ....
8. The film was good (really)
   ....
9. Ken was working when I arrived. (busily)
   ....
10. I sat in the armchair. (comfortably)
    ....
11. The children were playing in the back garden. (quietly)
    ....
    ....
12. Patrick was walking around the room. (nervously)
    ....
    ....
13. Samantha arrived late. (pretty)
    ....
14. I watch TV at night. (often/late)
    ....
15. You should go. (maybe)
    ....

10 *Coordinating Conjunctions* – spójniki współrzędne

10.1 Spójniki jednowyrazowe

Spójniki **and**, **but** i **or** mogą łączyć zdania główne albo części zdań.

Spójniki łączące zdania główne

Carol chose a book on difficult parents, **and** her mother chose one on difficult children.

Carol wybrała książkę na temat trudnych rodziców, a jej mama na temat trudnych dzieci.

The boy wanted an ice cream cone, **but** his parents wouldn't buy him one before dinner.

Chłopiec chciał lody, ale rodzice nie chcieli mu ich kupić przed obiadem.

Perhaps Jerry was looking for a raccoon, **or** perhaps he was going to dig holes in the flower garden.

Może Jerry szukał szopa pracza, a może chciał wykopać doły w ogródku.

Spójniki łączące części zdań

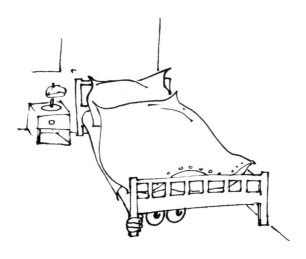

We looked for Perry in his room **but** not under the bed.

Szukaliśmy Perriego w jego pokoju, ale nie spojrzeliśmy pod łóżko.

My cat loves strawberries and cream – **or** at least the cream.

Mój kot uwielbia truskawki ze śmietaną – a przynajmniej uwielbia śmietanę.

10.2 Spójniki złożone

Spójniki złożone składają się z więcej niż jednego wyrazu. Należą do nich takie konstrukcje jak **both... and** („i ... i"), **either... or** („albo... albo"), a także zaprzeczony odpowiednik tej drugiej konstrukcji, czyli **neither... nor** („ani... ani"):

Both our dog **and** our cat love to go for walks.

I nasz pies, i kot uwielbiają chodzić na spacery.

Either Harvey is lying, **or** there's an elephant hiding in the backyard.

Albo Harvey kłamie, albo w ogródku ukrywa się słoń.

The travellers found **neither** an oasis **nor** the promised camels.

Podróżnicy nie znaleźli ani oazy, ani obiecanych wielbłądów.

Używając **neither... nor** do połączenia dwóch zdań głównych, należy zmodyfikować konstrukcję drugiego zdania: w pierwszym zdaniu **neither** stoi po podmiocie, ale w drugim podmiot (po **nor**) należy poprzedzić słowem posiłkowym. Tak więc drugie zdanie zyskuje szyk zdania pytającego:

Sylvia **neither** intended to get married, **nor** *did* she approve of living together.

Sylvia nie miała ani zamiaru wychodzić za mąż, ani nie zgadzała się na mieszkanie razem bez ślubu.

Ćwiczenia

10.1 Spójniki jednowyrazowe

*71. Wstaw **but**, **and** lub **or**.*

1. You're a miserable git .... I love you anyway.
2. We can go to the cinema ...... stay at home .... watch TV.
3. I don't know if he works somewhere .... is unemployed at the moment.
4. I would lend you my car .... I'll need it tonight. I have to fetch my mother-in-law from the station.
5. The day was warm .... sunny, so we went for a walk.
6. Sure, I'll help you .... not today. Can I come tomorrow?
7. Install the software ... then restart your computer.
8. The hotel is really nice .... it's too far from the beach.

10.2 Spójniki złożone

*72. Używając konstrukcji **both ... and**, **either ... or** lub **neither ... nor** połącz podane pary zdań w jedno.*

Przykład: *Dan doesn't like pizza. And Mark doesn't like pizza.*
Neither *Dan* **nor** *Mark likes pizza.*

1. We can leave tonight. Or we can leave tomorrow morning.
   ....
2. Nathaniel didn't come to my party. And Francis didn't come either.
   ....
3. She invited Laura. And she invited Pat.
   ....
4. He didn't speak French. And he didn't speak English either.
   ....
5. I was hungry. And I was sleepy, too.
   ....

11 *Sentence Construction* – budowa zdania

11.1 Zdanie oznajmujące

Przyjmuje się, że podstawowy szyk zdania oznajmującego w języku polskim i angielskim jest taki sam: podmiot+orzeczenie+dopełnienie (czyli *subject+verb+object*):

She likes cats. Ona lubi koty.

Szyk polskiego zdania oznajmującego jest jednak dosyć swobodny. Można na przykład powiedzieć: „Zosia lubi Janka.", ale także „Janka lubi Zosia.", „Janka Zosia lubi.", a nawet „Lubi Janka Zosia." i „Lubi Zosia Janka.". W języku angielskim jest zupełnie inaczej: szyk zdania jest ściśle określony i chociaż istnieją pewne możliwości zmiany pozycji wyrazów w zdaniu, jest ich stosunkowo niewiele. Zdanie analogiczne do polskiego przykładu może brzmieć tylko: *Zosia likes Janek.*

Jeżeli angielskie zdanie główne zaczyna się frazą, która nie jest podmiotem, zawsze trzeba po niej postawić podmiot. Musi się on znaleźć przed pierwszym czasownikiem w zdaniu. W poniższych przykładach podmiot zaznaczono wytłuszczoną kursywą, czasownik kursywą, a frazę poprzedzającą podmiot wytłuszczono:

After the conference about earthworms *some of us* went out for a drink. Po konferencji na temat dżdżownic niektórzy z nas poszli na drinka.
The chewing gum, *she* liked; **the cream pie**, *she* didn't like. Guma do żucia jej smakowała; ciasto z kremem jej nie smakowało.

Również jeśli zdanie podrzędne poprzedza zdanie główne, należy pamiętać, że w zdaniu głównym podmiot musi poprzedzać czasownik:

Although it was late, *I decided to* call her. Chociaż było późno, zdecydowałam się do niej zadzwonić.
Although it was late, *we didn't go* home. Chociaż było późno, nie poszliśmy do domu.

W języku polskim mówimy wtedy o tzw. podmiocie domyślnym, natomiast w zdaniach angielskich podmiot musi zawsze występować.

She went abroad. Pojechała za granicę.
They were rude to us. Byli dla nas niegrzeczni.

Co może wystąpić w zdaniu po czasowniku?

Po czasowniku zwykłym w zdaniu mogą znaleźć się dopełnienia i okoliczniki.

119

Dopełnienie (grupa rzeczownikowa) musi znaleźć się w zdaniu bezpośrednio po czasowniku. Generalnie najpierw stawia się dopełnienie dalsze, a potem dopełnienie bliższe, chyba że dopełnienie dalsze jest wyrażone grupą przyimkową: wtedy musi wystąpić po dopełnieniu bliższym. W poniższych przykładach dopełnienie bliższe zapisane jest kursywą, a dalsze tłustym drukiem.

Alice gave **John** *a tie*. Alicja dała Johnowi krawat.
Alice gave *a tie* **to John**. Alicja dała krawat Johnowi.

Po dopełnieniach stawia się okoliczniki sposobu określające sposób w jaki się coś odbywa; następnie okoliczniki miejsca dotyczące tego gdzie się coś dzieje, a na samym końcu okoliczniki czasu określające kiedy się coś dzieje. Oczywiście nie każde zdanie musi zawierać wszystkie te okoliczniki, ale ważne jest przestrzeganie podanej tutaj kolejności.

Rick ate at the restaurant on Tuesday. Rick jadł w restauracji we wtorek.
The guru explained yoga to his pupils. Guru objaśnił zasady jogi swoim uczniom.
The cook chased the intruders out of the kitchen with a rolling pin that day. Tego dnia kucharz wałkiem wygonił intruzów z kuchni.

Chociaż powyższa kolejność obowiązuje w wielu zdaniach, zdarza się, że trzeba ją zmodyfikować ze względu na długość danej frazy: długie stoją najczęściej na końcu zdania. Tak jest na przykład ze zdaniami podrzędnymi:

I finally found the missing papers yesterday where no one would ever think to look. W końcu znalazłem wczoraj brakujące dokumenty w miejscu, gdzie nikomu nie przyszłoby do głowy ich szukać.

 Błędny szyk zdania angielskiego może całkowicie zmienić jego sens:

Our children want us to eat. Nasze dzieci chcą, abyśmy jedli.
Our children want to eat us! Nasze dzieci chcą nas zjeść!

11.2 Pytania w funkcji zdania podrzędnego

Jeśli opowiadamy o tym, że ktoś zadał jakieś pytanie, musimy pytanie tej osoby umieścić w strukturze zdania, które tworzymy. W ten sposób pytanie to jest przez nas relacjonowane: jest to pytanie w mowie zależnej, które funkcjonuje jako zdanie podrzędne. W zdaniu głównym wprowadzającym pytanie znajdują się na ogół takie czasowniki jak **ask** („pytać"), **wonder** („zastanawiać się"), **learn** („dowiedzieć się"), **know** („wiedzieć"), **hear** („słyszeć") i tym podobne. Pytania w funkcji zdania podrzędnego można podzielić na dwa rodzaje: pytania z **whether** i **if** oraz pytania ze słowem pytającym (patrz rozdział 12).

Zwykłe pytania o rozstrzygnięcie

Do you ski?   Czy jeździsz na nartach?
Have you seen that film?   Widziałaś ten film?

Relacjonując takie pytania w mowie zależnej, musimy wprowadzić je za pomocą **whether** lub **if** (obydwa słowa znaczą „czy"), nadać im szyk zdania oznajmującego i zastosować reguły następstwa czasów.

Pytania z *whether* i *if*

She asked **whether** I ski.   Spytała, czy jeżdżę na nartach.
He asked his friend **whether** she had seen that film.   Zapytał przyjaciółkę, czy widziała ten film.
They hadn't heard **whether** Karen was working in town.   Nie wiedzieli, czy Karen pracuje w mieście.
I'm not sure **if** we need cheese for the pizza.   Nie jestem pewien, czy jest nam potrzebny ser do pizzy.

11.3 *Indirect Speech* – mowa zależna

Następstwo czasów

Chcąc przytoczyć czyjąś wypowiedź, można ją zacytować bez żadnych zmian (mowa niezależna) lub ją sparafrazować (mowa zależna).

Mowa niezależna:

She said, "Rover bit the policeman."
Powiedziała: „Reksio pogryzł policjanta".

Mowa zależna:

She said that Rover had bitten the policeman.
Powiedziała, że Reksio pogryzł policjanta.

W mowie niezależnej oczywiście nie ma potrzeby niczego zmieniać w cytowanej wypowiedzi. Inaczej jest w mowie zależnej: tutaj często należy dopasować czas gramatyczny zdania podrzędnego (parafrazowanej wypowiedzi) do czasu gramatycznego zdania głównego (wprowadzającego). Jeżeli zdanie główne jest w czasie teraźniejszym lub przyszłym, zdanie podrzędne można zostawić w dowolnym czasie. Sytuacja jest bardziej skomplikowana, jeśli zdanie główne jest w czasie przeszłym: wtedy zdanie podrzędne także trzeba przesunąć w przeszłość, a więc zmienić jego czas gramatyczny. Zmieniamy więc czasy teraźniejsze na odpowiednie czasy przeszłe (np. *Simple Present* na *Simple Past*, a *Present Continuous* na *Past Continuous*), a przeszłe na zaprzeszłe (np. *Simple Present* i *Present Perfect* na *Past Perfect*). Ponieważ w języku polskim nie zmienia się w takiej sytuacji czasu gramatycznego zdania podrzędnego, Polacy muszą szczególnie uważać, żeby nie popełnić błędu.

Zdanie główne w czasie teraźniejszym lub przyszłym

He **says** that the painting is finished. — Mówi, że obraz jest skończony.

She **will want to know** what you've done. — Będzie chciała wiedzieć, co zrobiłeś.

They **have often told me** that they plan to import coconuts. — Często mi mówili, że zamierzają importować orzechy kokosowe.

Zdanie główne w czasie przeszłym

He **said** that the painting was finished. — Powiedział, że obraz jest skończony.

She **wanted to know** what you'd done. — Chciała wiedzieć, co zrobiłeś.

Czasowniki ułomne w mowie zależnej

Jeżeli zdanie główne jest w czasie przeszłym, czasowniki ułomne zmieniamy w mowie zależnej na ich formy czasu przeszłego:

Elliot claimed that he **could** read minds. — Elliot twierdził, że potrafi czytać w myślach.

We wondered what they **would** do next. — Zastanawialiśmy się, co zrobią w następnej kolejności.

11.4 *Pronouns* – zaimki

W mowie zależnej trzeba także uważać na dopasowanie zaimków, bo np. „ja" z bezpośredniej wypowiedzi może nie być już tym samym „ja", które pojawi się w mowie zależnej:

Mowa niezależna:

"I see him." „Widzę go".

Jak wybrnąć z tej sytuacji? Trzeba logicznie dostosować zaimki do kontekstu. Jeśli cytujemy swoje własne słowa, powiemy: *I said that I saw him*. Jeśli to John go widział, powiemy: *He said that he saw him*, a przypominając Johnowi, że kiedyś tak powiedział, musimy użyć zdania: *You said that you saw him* itd.

11.5 Zdania podrzędne okolicznikowe

Zdania podrzędne okolicznikowe pełnią w zdaniu podobną funkcję co przysłówki. Mają one najczęściej taki szyk jak zdania oznajmujące.

Przysłówek

Therefore the glass was empty. — Dlatego też szklanka była pusta.

Something will happen **soon**. — Coś się wkrótce zdarzy.

Zdanie podrzędne okolicznikowe

Because my friend had passed by and seen the wine, the glass was empty.
Ponieważ mój przyjaciel tędy przechodził i zobaczył wino, szklanka była pusta.

Something will happen **when the monkeys are let out of the cage.**
Coś się zdarzy, kiedy małpy zostaną wypuszczone z klatki.

Trzeba zapamiętać, że przyszłość rzadko jest wyrażana w zdaniu podrzędnym za pomocą **will** lub **shall**. Częściej stosuje się konstrukcje oparte na czasie teraźniejszym.

As soon as you **get** home, turn on the heater.
Jak tylko przyjdziesz do domu, włącz grzejnik.

Before the players **take** the field, the coach will remind them of the strategy.
Zanim piłkarze wejdą na boisko, trener przypomni im strategię.

11.6 Zdania z *if* i *when*

If znaczy „jeśli", „jeżeli":

We can go to the zoo **if** you want.
Możemy iść do zoo, jeśli chcesz.

If it rains today, I'll stay home.
Jeśli będzie dzisiaj padało, zostanę w domu.

When oznacza „kiedy", „jak":

When you see Gina tonight, give her this book for me.
Jak będziesz się widziała dzisiaj wieczorem z Giną, oddaj jej za mnie tę książkę.

I always stay home **when** it rains.
Zawsze zostaję w domu, kiedy pada.

When he started to sing, everyone left the room.
Kiedy zaczął śpiewać, wszyscy wyszli z pokoju.

Porównaj następujące zdania:

Call me up **when** Anne comes.
Zadzwoń do mnie, kiedy przyjdzie Anna.

Call me up **if** Anne comes.
Zadzwoń do mnie, jeśli przyjdzie Anna.

11.7 Formy czasownika w zdaniach z *if*

W zdaniach z *if* można używać, tak jak w zdaniach głównych, czasów teraźniejszych i przeszłych:

If she's tired, let her go to bed.
Jeśli jest zmęczona, niech idzie do łóżka.

If they'**ve been doing** their home-work, why are they covered with dirt? — Jeśli odrabiali zadanie domowe, to czemu są cali brudni?

If she **was** tired, she didn't say so. — Jeżeli była zmęczona, to się do tego nie przyznała.

If they **were sleeping** at the time, the explosion surely woke them up. — Jeżeli w tym czasie spali, to eksplozja pewnie ich obudziła.

Jeśli zdanie z **if** odnosi się do przyszłości, to najczęściej pojawi się w nim jakaś forma czasu teraźniejszego:

If that dog **bites** me, I'll sue you. — Jeżeli ten pies mnie pogryzie, podam pana do sądu.

If the team **wins** the match, Jerry will be happy. — Jeżeli drużyna wygra mecz, Jerry będzie szczęśliwy.

W zdaniach dotyczących zaplanowanego lub zapowiedzianego wydarzenia należy po **if** użyć konstrukcji **be going to**:

If they **are going to** tear down that hotel, it must not be doing well. — Skoro mają zamiar zburzyć ten hotel, widocznie nie za dobrze mu się wiedzie.

If prices **are going to** rise, we should stock up on chocolate bars. — Jeżeli ceny mają iść w górę, powinniśmy zrobić zapasy batonów czekoladowych.

Will użyte w zdaniu z **if** nadaje mu inny odcień znaczeniowy: **will** sugeruje w tym wypadku prośbę o przysługę, coś w rodzaju polskiego „gdyby(ś) był tak miły i...", „gdyby(ś) zechciał...".

If you **will** just **close** the window, we can get started. — Jeżeli tylko zechce pani zamknąć okno, to możemy zaczynać.

If Jasper **will do** the washing, the others can concentrate on the repairs. — Jeśli Jasper będzie taki miły i zrobi pranie, inni będą się mogli skupić na naprawach.

Często za pomocą **if** trzeba opisać sytuację, która nie zaistniała, ale – przynajmniej teoretycznie – może się zdarzyć. W zdaniu z **if** należy wtedy użyć czasownika w czasie przeszłym. Na uwagę zasługuje użycie **was** i **were** po **if**: szczególnie w brytyjskim angielskim **were** może być stosowane w zdaniu tego rodzaju we wszystkich osobach.

If I **were** an ostrich, I *would* run 50 km every day.
— Gdybym była strusiem, przebiegałabym codziennie 50 kilometrów.

If Jackie **had** more money, she *would* invest in canoes.
— Gdyby Jackie miała więcej pieniędzy, zainwestowałaby w kajaki.

Jeżeli mówimy o takiej domniemanej sytuacji w odniesieniu do przeszłości, to po **if** używamy czasu *Past Perfect*:

If I **had been** an ostrich at the time, I *would have* run 50 km every day.
— Gdybym była wtedy strusiem, przebiegałabym codziennie 50 km.

If Anne **hadn't brought** the drinks, we *couldn't have* held the party.
— Gdyby Anna nie przyniosła napoi, nie moglibyśmy zorganizować imprezy.

11.8 Inne zdania podrzędne okolicznikowe

– Czasu:

After Colin had his coffee, he read the newspaper.
— Kiedy Colin wypił kawę, czytał gazetę.

Before Alberta went to work, she called five clients.
— Zanim Alberta wyszła do pracy, zadzwoniła do pięciu klientów.

As soon as the results are made public, the company will act.
— Jak tylko wyniki zostaną podane do wiadomości publicznej, firma zacznie działać.

Since he's been here, there's been nothing but trouble.
— Odkąd tu jest, mamy same kłopoty.

As long as Perry thinks you're here, he won't get suspicious.
— Tak długo jak Perry myśli, że tu jesteś, nie zacznie nic podejrzewać.

Słowem oznaczającym „podczas gdy" jest **while**. W brytyjskim angielskim można w podniosłym stylu użyć w tym samym znaczeniu słowa **whilst**.

While Naomi was singing in the bathtub, the man left with the contents of her wallet.
Kiedy Naomi śpiewała sobie w wannie, mężczyzna wyszedł wraz z zawarością jej portfela.

Whilst Moira played the piano, Francis cut the board with a jigsaw.
Podczas gdy Moira grała na pianinie, Francis piłował deskę.

– Inne:

Because the children were doing chemistry experiments, their parents had to move to a hotel.
Ponieważ dzieci robiły eksperymenty chemiczne, ich rodzice musieli się wynieść do hotelu.

Since you think you're so smart, you can finish the work yourself.
Skoro uważasz, że jesteś taki mądry, to możesz sam dokończyć pracę.

Although Tim wanted a car, he only bought himself a motorbike.
Chociaż Tom chciał samochów, kupił sobie tylko motocykl.

Unless the weather improves, we'll have to stay indoors.
Jeżeli pogoda się nie poprawi, będziemy musieli zostać w domu.

As long as you're here, you can help me with the chores.
Skoro już tu jesteś, możesz mi pomóc w pracach domowych.

So long as Patsy and Mark don't try to climb the trees, they can come too.
Jeśli tylko Patsy i Mark nie będą próbowali włazić na drzewa, to też mogą przyjść.

11.9 Zdania bezokolicznikowe

Bezokolicznik z **to** może wprowadzać zdanie podrzędne. Dlatego po **to** można zastosować *czasownik zwykły* lub *czasownik/i posiłkowy/e* + *czasownik zwykły*.

Po niektórych czasownikach, przymiotnikach i rzeczownikach trzeba użyć zdania bezokolicznikowego. W poniższych przykładach zdanie bezokolicznikowe jest napisane kursywą, a słowo, po którym musi nastąpić – tłustym drukiem:

We **meant** *to send you a card*.
Mieliśmy zamiar wysłać ci kartkę.

My parents would be **sorry** *to have to see you again*.
Moi rodzice byliby niezadowoleni, jeśli znowu musieliby się z tobą spotkać.

Greta Garbo's **desire** *to be alone* disappointed her fans.
Pragnienie Grety Garbo, aby żyć w samotności, rozczarowało jej fanów.

To have danced badly would   Zły taniec byłby żenujący.
have been embarrassing.

W wypadku niektórych czasowników dopełnienie (tłusty druk i kursywa) może poprzedzać zdanie bezokolicznikowe:

I asked *the committee* to pay   Poprosiłem komitet, aby za
for it.   to zapłacił.
The owner **told *the rowdy***   Właściciel kazał hałaśliwym
customers *to get out of*   klientom wyjść z baru.
the bar.

Jeśli zdanie bezokolicznikowe następuje po czasowniku **want** lub **need**, może mieć swój własny podmiot. Po tych czasownikach nie wolno użyć zdania zaczynającego się od **that**!

The astronauts **wanted** *the*   Astronauci chcieli, żeby kosmonauci
cosmonauts to invite them   zaprosili ich na obiad.
to lunch.
They **expect** *it to stop raining* Jutro ma przestać padać.
tomorrow.
I **need** *him to move furniture*   Chcę, żeby mi przesunął meble.
for me.

Kiedy podmiot zdania bezokolicznikowego jest taki sam jak podmiot zdania głównego, to podmiotu używa się tylko w zdaniu głównym:

The astronauts **wanted** *to*   Astronauci chcieli skorzystać
use the lavatory.   z toalety.
They **expect** *to find some*   Oczekują, że wkrótce znajdą jakieś
buried treasures soon.   zakopane skarby.
I **need** *to call the movers*.   Muszę wezwać firmę
                                      przeprowadzkową.

11.10 Zdanie okolicznikowe celu

Zdanie bezokolicznikowe (pełniące funkcję zdania okolicznikowego celu) wskazuje na cel wykonania pewnej czynności. Zaznaczamy to stawiając **to** na początku zdania bezokolicznikowego albo wprowadzamy zdanie za pomocą **in order to**:

Mrs. Green went to the party   Pani Green poszła na imprezę, żeby
to keep an eye on her   mieć na oku swoje córki.
daughters.
The surgeons operated   Chirurdzy wykonali operację, aby
in order to remove the   usunąć pacjentowi wyrostek.
patient's appendix.

11.11 Zdania z formą *-ing* czasownika

Formy czasowników kończące się na **-ing** mogą stanowić trzon zdania podrzędnego. Tego typu zdania brzmią formalnie i nie są używane w mowie potocznej:

Desperately **needing** money, they started a small business.

Rozpaczliwie potrzebując pieniędzy, założyli małą firmę.

Having lost his car keys, he continued his journey on foot.

Zgubiwszy kluczyki do swojego samochodu, podróżował dalej na piechotę.

Zdanie z formą **-ing** czasownika można umieścić na końcu zdania głównego, jeśli oba zdania odnoszą się do czynności wykonywanych przez podmiot *jednocześnie*, w tym samym czasie:

Maurice was at home **eating green beans for breakfast**.

Maurice siedział w domu, jedząc na śniadanie fasolkę szparagową.

Sabrina crawled around on the floor **picking up the fallen coins**.

Sabrina czołgała się po podłodze, zbierając rozrzucone monety.

Before, **after**, **without**, **while** mogą występować z formą **-ing** czasownika, jeżeli odnoszą się do tego samego podmiotu co zdanie główne:

Clean up **after finishing** your work.

Posprzątaj po skończeniu pracy.

Before bathing, he looked at the clock.

Przed rozpoczęciem kąpieli spojrzał na zegar.

He put his feet on the table **without removing** his shoes.

Położył nogi na stole, nie zdejmując butów.

The chef prepared the salad **while flipping** pancakes.

Szef kuchni przygotował sałatkę, przewracając naleśniki.

Instead of i **by** *muszą* być używane z formą **-ing** czasownika:

Instead of buying groceries, he spent the money on pinball.

Zamiast kupić jedzenie, wydał pieniądze na bilard elektryczny.

He fixed the watch **by dipping** it in his tea. — Naprawił zegarek, zanurzając go w herbacie.

Zdanie z formą **-ing** czasownika może pełnić funkcję podmiotu zdania:

*Learn**ing** English* is fun. — Uczenie się angielskiego jest fajne.
*Camp**ing** on railroad tracks* can be dangerous. — Biwakowanie na torach kolejowych może być niebezpieczne.
*See**ing** their incompetence* drives me crazy. — Ich niekompetencja doprowadza mnie do szału.

Czasowniki, po których musi zostać użyta forma z -*ing*

Po niektórych czasownikach musi lub może zostać użyta forma **-ing** innego czasownika. Do tej grupy należą następujące czasowniki:

enjoy	lubić	**miss**	brakować
finish	kończyć	**practice**	ćwiczyć
go	iść	**remember**	pamiętać
imagine	wyobrażać sobie	**stop**	przestać
keep	ciągle coś robić	**try**	próbować
like	lubić	**start**	zaczynać
mind	przeszkadzać		

They finally **stopped** bang**ing** the pans together. — W końcu przestali walić garnkami o siebie.
I **enjoy** swimm**ing** in warm water. — Lubię pływać w ciepłej wodzie.
We didn't **mind** walk**ing** the ten miles. — Nie mieliśmy nic przeciwko przejściu tych dziesięciu mil na piechotę.
Let's **go** swimm**ing** tomorrow! — Idźmy jutro popływać!
Pauline **kept** bother**ing** me. — Paulina ciągle mi przeszkadzała.

Po przyimku prawie zawsze używa się zdań z formą **-ing** czasownika:

be afraid of	bać się
be for/against	być za/przeciw
be good/bad at	być dobrym/złym w
be interested in	interesować się
be tired of	być zmęczonym
be used to	być przyzwyczajonym
believe in	wierzyć w, być zwolennikiem czegoś
feel like	mieć ochotę na
insist on	upierać się przy, nalegać na
look forward to	oczekiwać
think about	myśleć o, planować

I **feel like having** a swim. Mam ochotę się przepłynąć.
I didn't **feel like working**. Nie chciało mi się pracować.
My grandmother **believes in eating** porridge for breakfast every day. Moja babcia uważa, że codziennie na śniadanie należy jeść owsiankę.

Wyjątek: Po przyimku **to** stosujemy formę podstawową czasownika, bowiem często **to** nie jest w gruncie rzeczy przyimkiem, a częścią bezokolicznika:

I was prepared **to do** anything. Byłam gotowa zrobić wszystko.
The group went on **to discuss** the weather. Grupa dalej dyskutowała o pogodzie.
He used **to call me up** in the middle of the night. Miał zwyczaj dzwonić do mnie w środku nocy.

ale:

I have no objection **to waiting**. Nie mam nic przeciwko czekaniu.
Next **to sleeping**, my favorite activity is watching TV. Oprócz spania moim ulubionym zajęciem jest oglądanie telewizji.
I'm used **to hearing** his complaints. Jestem przyzwyczajony do wysłuchiwania jego narzekań.

W wypadku niektórych czasowników i przyimków podmiot zdania podrzędnego można postawić przed formą **-ing** czasownika. Podmiot ten może przyjąć formę dopełnienia lub formę dzierżawczą:

appreciate	cenić, doceniać
excuse	wybaczać, usprawiedliwiać
mind	mieć coś przeciwko
miss	brakować
remember	pamiętać
resent	oburzać się na, mieć pretensje do
understand	rozumieć

I **remember him/his** burning the photo. Pamiętam, jak palił to zdjęcie.
I can **understand them/their wanting** to be alone. Mogę zrozumieć, czemu chcą być sami.

be afraid of	bać się
be fed up with	mieć dosyć/po dziurki w nosie
be used to	być przyzwyczajonym
hear about	słyszeć o
look forward to	oczekiwać
object to	mieć zastrzeżenia do, protestować przeciw, nie zgadzać się na

I'**m fed up with you/your running** around with other women. Mam dosyć twojego latania za innymi kobietami.

They **objected to people**(**'s**) **sunbathing** naked. Nie zgadzali się, żeby ludzie opalali się nago.

11.12 *Let* – pozwalać

W trybie czynnym po **let** następuje rodzaj krótkiego zdania. Składa się ono na ogół z jednego rzeczownika lub zaimka osobowego jednego czasownika bez **to**. Mogą się w nim znaleźć także inne elementy zdania (np. przysłówek) w zależności od tego, co chcemy powiedzieć i na jaką konstrukcję pozwala dany czasownik:

Despite the complaints, the police **let** *them sing*. Mimo skarg policja pozwoliła im śpiewać.
He **let** *the sand run* through his fingers. Piasek sypał mu się przez palce.

Po **let** można stosować zdania w stronie biernej zbudowane za pomocą czasownika posiłkowego **be**:

The guards **let** *the money be stolen*. Strażnicy pozwolili na kradzież pieniędzy.
The injured athlete **let** *himself be carried off* the field. Kontuzjowany sportowiec pozwolił się znieść z boiska.

11.13 *Have* – polecić

Konstrukcja **have somebody do something** jest stosowana do opisu sytuacji, kiedy ktoś wykonuje dla nas jakąś usługę, pracę; kiedy zlecamy komuś zrobienie czegoś. Konstrukcja ta nie ma bezpośredniego odpowiednika w języku polskim, co często jest powodem błędów. Aby dobrze ją opanować, trzeba sobie uświadomić, że kiedy mówimy po polsku „Muszę sobie obciąć włosy", albo „Muszę wymalować łazienkę" najczęściej nie chcemy przez to powiedzieć, że mamy zamiar zrobić to własnymi rękami, tylko że musimy zlecić komuś wykonanie takiej usługi. Chociaż oba znaczenia można wyrazić po polsku tym samym zdaniem, w języku angielskim odpowiednie zdanie musimy inaczej skonstruować w zależności od tego, kto ma wykonać daną czynność:

Muszę sobie obciąć włosy:
  I have to have my hair cut. w znaczeniu: Muszę iść do fryzjera obciąć włosy.
  I have to cut my hair. w znaczeniu: Muszę sobie sama obciąć włosy.

Muszę wymalować łazienkę:
I have to have my bathroom painted. w znaczeniu: Muszę zlecić pomalowanie łazienki.
I have to paint my bathroom. w znaczeniu: Muszę sama wymalować łazienkę.

W niektórych kontekstach **have somebody do something** może znaczyć tyle co „zmusić kogoś do zrobienia czegoś", albo „kazać komuś coś zrobić".

W stronie czynnej **have** w tej konstrukcji używa się tak jak **let**: po czasowniku występuje krótkie zdanie zawierające bezokolicznik bez **to**:

The Ellisons are **having** the carpenter make them a kitchen cabinet.	Stolarz robi Ellisonom szafkę kuchenną.
Merle **had** her daughter do the dishes.	Merle kazała córce zmyć naczynia.

W stronie biernej nie wolno używać formy bezokolicznika tylko *Past Participle* (trzecia forma czasownika):

The priest *has the church bells* **rung** before weddings.	Ksiądz każe bić w dzwony przed ślubami.
I *had my suit* **cleaned** only last week.	Dopiero w zeszłym tygodniu odebrałem garnitur z czyszczenia.

11.14 *Make* – zmuszać

Podobnie jak po wyżej wymienionych czasownikach, po **make** w stronie czynnej występuje czasownik bez **to**. Jeśli **make** odnosi się do zamierzonego działania, to występuje w znaczeniu „zmuszać":

Mrs. Grundy **made** her children *give* their teacher a present.	Pani Grundy zmusiła dzieci, żeby dały prezent swojemu nauczycielowi.
Sherrie always **makes** her little brother *take out* the garbage.	Sherrie zawsze zmusza swojego małego brata do wyrzucania śmieci.

Make można także używać do opisania nieoczekiwanego zdarzenia, nieprzewidzianych konsekwencji czegoś itd.:

Howard's thoughtless remark **made** *his listeners see red*.	Nieprzemyślana uwaga Howarda rozwścieczyła jego słuchaczy.
The loud bang **made** *the passers-by run away* in fright.	Usłyszawszy głośny huk, przechodnie uciekli w popłochu.

W stronie biernej po **make** w tym znaczeniu używa się bezokolicznika poprzedzonego **to**:

He was **made** *to eat* the rat.	Został zmuszony do zjedzenia szczura.

Ćwiczenia

11.1 Zdanie oznajmujące

*73. Przekształć podane zdania zmieniając kolejność dopełnień. Pamiętaj o dodaniu **to**.*

Przykład: *I gave him my phone number.*
I gave my phone number to him.

1. I'm going to show my parents my new flat.
   ....
2. My father always read us a story before we went to sleep.
   ....
3. He offered the man really good working conditions.
   ....
4. She told him a lie.
   ....
5. Mrs. Peterson promised her son a new computer.
   ....

11.2 Pytania w funkcji zdania podrzędnego

*74. Podane pytania przedstaw za pomocą mowy zależnej. W przypadku pytań typu 'yes/no questions' możesz użyć zarówno **if**, jak i **whether**. W przypadku pytań typu 'wh-questions', możesz użyć konstrukcji **... wanted to know** lub **... asked**.*

Przykład: *'Where did you go?' said Ann.*
*Ann **asked**/**wanted to know** where I had gone.*

1. 'What happened?' he said.
   ....
2. 'How much will it cost?' she said.
   ....
3. 'Are you happy?' Kurt asked me.
   ....
4. 'How long will it take?' said Lorena.
   ....
5. 'Is there anything I can do for you?' asked George.
   ....
6. 'When is your birthday?' asked Dorris.
   ....
7. 'Should I go?' said Patty.
   ....
8. 'Do you live in England?' asked Phillip.
   ....

9. 'How long have you been in the country?' said Jasmine.
....
10. 'Why are you laughing?' asked Michael.
....

11.3 Mowa zależna/11.4 Zaimki

75. Zamień podane zdania na mowę zależną.

Przykład: *'I'm not going anywhere,' said Tom.*
Tom said (that) he wasn't going anywhere.

1. 'It's snowing again,' said Uncle Ted.
2. 'We've made a mistake,' said the manager.
3. 'I'll come as soon as possible,' said Brenda.
4. 'My bag has been stolen,' said the girl.
5. 'I hate maths,' said the boy.
6. 'We can go together,' said Eric.
7. 'My mobile doesn't work,' said Sharon.
8. 'I didn't do it on purpose,' said Melanie.
9. 'My train leaves at 5.48,' said Nick.
10. 'We may be late,' said Louise.

11.5 Zdania podrzędne okolicznikowe/ 11.6 Zdania z if i when/11.7 Formy czasownika w zdaniach z if/11.8 Inne zdania podrzędne okolicznikowe/11.9 Zdania bezokolicznikowe/11.10 Zdania okolicznikowe celu

76. Użyj odpowiedniej formy podanych czasowników.

1. I wouldn't marry her even if she .... (be) the only woman in the entire world.
2. If you .... (listen) to me, we wouldn't be in this position now.
3. You .... (not ride) your bike if you don't wear your helmet, honey.
4. If you take 5 away from 15, you .... (get) 10.
5. You'll put on weight if you .... (eat) so much.

6. Jason .... (be) angry if I asked him about his grandfather. The old man was a criminal.
7. He wouldn't have won the competition if he .... (not cheat).
8. If you had taken the map, we .... (not have) to spend the night here now.
9. If she .... (arrive) earlier, we wouldn't have met.
10. I .... (be) your friend if you promise not to let me down.

*77. Uzupełnij podane zdania spójnikami: **when**, **while**, **before**, **since**, **if**. W niektórych zdaniach możliwe są dwie odpowiedzi.*

1. I'll tell you what happened .... we're alone.
2. I've been living here .... I was 10.
3. I lived here .... I was 10.
4. .... I buy a new stereo now I won't have enough money for the trip.
5. I'll read the letter .... I'm waiting for the train.
6. I'd like to talk to him .... he leaves for ever.
7. I was cooking dinner .... Lucy was cleaning the living room.
8. I'll cook dinner .... you clean the living room.

78. Połącz podane fragmenty zdań.

1. I took off my shoes
2. The restaurant was very crowded
3. She is still in hospital
4. I took another blanket
5. Gary was fed up with his job
6. I have to be home
7. I want to quit my job
8. You'll be late

A. to keep us warm.
B. so he decided to find another one.
C. unless you hurry up.
D. because I'm underpaid.
E. before my parents return.
F. in order not to make too much noise.
G. although she feels quite well.
H. but we found a table in the corner.

1	2	3	4	5	6	7	8

11.11 Zdania z formą *-ing* czasownika

79. Uzupełnij zdania czasownikami z ramki w odpowiedniej formie.

shop	travel	leave	hand	learn	lie
stop	close	cook	drive	swim	fall

1. Matthew is good at .... languages.
2. We decided to go .... in the afternoon as we had run

short of food.
3. I managed to ski right down this hill without ....
4. Can you imagine him .... a lorry? He can't even ride his bicycle properly.
5. Instead of .... to Greece, we decided to spend the holidays in Poland.
6. I read my report for the tenth time before .... it in.
7. Would you mind .... the window?
8. Do you enjoy .... in the cold sea?
9. We'll have a delicious meal if my husband finishes .... it. He's been working in the kitchen for almost five hours.
10. What did you do after .... school?
11. I dislike .... on the beach. It's so boring.
12. We walked for two hours without ....

80. Połącz podane fragmenty zdań.

1. Not even daring to think what she would find there,
2. I walked around the garden
3. Having already been there twice before,
4. Sitting in front of the telly with a bowl full of crisps in one hand and a beer in the other
5. Jack's in the garage
6. My brother set up his own company

A. repairing his old motorbike.
B. looking for my lost bracelet.
C. not realising how difficult it was to make a decent profit.
D. is his favourite way of spending free time.
E. she opened the man's suitcase.
F. I decided to go somewhere else.

1	2	3	4	5	6

11.12 *Let* – pozwalać/11.13 *Have* – polecić/ 11.14 *Make* – zmuszać

*81. Uzupełnij zdania czasownikiem **have** w odpowiedniej formie. Tam, gdzie zdanie dotyczy przyszłości użyj formy **am/is/are having**. Czasownik w nawiasie użyj w formie **past participle**.*

Przykład: *He's so tall that he can't find any clothes that fit him. He ... **has** ... all his clothes specially ... **made** ... (make).*

1. How often do you .... your car .... (service)?
2. The photo was so beautiful that I .... it .... (enlarge).
3. My sister .... her ears .... (pierce) yesterday.

4. This room looks terrible. We .... it .... (redecorate) tomorrow.
5. My neighbour .... her newspaper .... (deliver) every morning.
6. My knee is so painful. I'd better .... it .... (x-ray).
7. Rick's in hospital. He .... his appendix .... (remove) tomorrow.
8. They want to .... another window .... (put) in their living room.
9. I can't take my bicycle. It's broken and I .... it .... (fix) at the moment.
10. This old wallpaper is torn and dirty, I'm planning to .... the walls .... (re-paper).

82. Uzupełnij zdania czasownikami z ramki. Zwróć uwagę na to, że niektóre zdania są w stronie biernej.

move out	drive	stay up	come
stop	go	do	read

1. Please, let me .... or I'll miss the last train home.
2. She didn't let us .... the letter.
3. I was made .... so I bought a flat in the suburbs.
4. The officer made me .... the car.
5. I won't let you .... to watch this film. You are too young to go to bed so late.
6. Will you make him .... to the party?
7. I went there because I was made .... it.
8. My dad let me .... all the way back home.

12. Pytania zaczynające się od słowa pytającego

12.1 Lista angielskich słów pytających:

what	co?; który? / która? / które?; jaki? / jaka? / jakie?
which	który? / która? / które? / którego? / którą?
who	kto?
whose	czyj? / czyja? / czyje?
whom	kogo?
when	kiedy?
where	gdzie?
why	dlaczego?
how	jak?

12.2 Użycie słów pytających

Słowa pytające stosuje się w zdaniach pytających, aby uzyskać różnego rodzaju informacje.

Frazy zawierające słowo pytające występują najczęściej na początku zdania:

What do you want? Czego chcesz?
How much does that gold Ile kosztuje ta złota
  ring cost? obrączka?

Słowa pytające są czasem także używane, aby wyrazić zaskoczenie. W takim wypadku powtarza się strukturę zdania oznajmującego, ale zaskakujący fragment zdania zastępuje się odpowiednim słowem pytającym. To samo można zrobić, jeśli nie zrozumiało się części zdania i prosi się o jej powtórzenie:

Osoba A:
  Leah's been eating peach Leah jada ostatnio kanapki
    sandwiches. z brzoskwinią.

Osoba B:
  Leah's been eating WHAT? Leah jada CO? (CO jadła Leah?)

W powyższym przykładzie słowo pytające WHAT zastępuje „kanapki z brzoskwinią". Tego rodzaju konstrukcje wyraźnie pokazują, skąd bierze się dane słowo pytające na początku zwykłego zdania pytającego; np. bardziej neutralne pytanie Osoby B brzmiałoby: *What has Leah been eating?*

Słowo pytające **whom** (kogo?) nie jest używane w języku mówionym. Zamiast niego stosuje **who**:

Who did she see?	Kogo widziała?
Who were you talking to just now?	Z kim przed chwilą rozmawiałeś?

W formalnym języku pisanym konieczne jest jednak użycie **whom**:

Whom did she see?	Kogo widziała?
To whom must one speak about such matters?	Z kim należy rozmawiać o tego rodzaju sprawach?

Jeżeli słowo pytające łączy się z przyimkiem, pytanie można stworzyć na dwa sposoby:

1. W języku formalnym, przede wszystkim pisanym, przyimek stawia się na początku frazy ze słowem pytającym:

On which corner was the musician standing?	Na którym rogu stał ten muzyk?
To which thief did the professor show the collection?	Któremu złodziejowi profesor pokazał kolekcję?

2. W języku codziennym przyimek znajduje się albo na końcu, albo pośrodku zdania pytającego, a fraza ze słowem pytającym jest w tym wypadku po prostu grupą rzeczownikową:

Which corner was the musician standing **on**?	Na którym rogu stał ten muzyk?
Which thief did the professor show the collection **to**?	Któremu złodziejowi profesor pokazał kolekcję?

Pytania zaczynające się od słowa pytającego jako zdania podrzędne

Jeżeli pytanie ma pełnić funkcję zdania podrzędnego, należy zmienić jego szyk. W zdaniu podrzędnym nie może występować żaden czasownik posiłkowy między frazą słowa pytającego a podmiotem. Jeżeli dla oddania znaczenia konieczne jest użycie czasownika posiłkowego (np. występuje on w danym czasie gramatycznym), to musi się on znaleźć po podmiocie: tak jak w zdaniu oznajmującym. W poniższych przykładach podmiot zaznaczono kursywą, a czasownik posiłkowy tłustym drukiem.

What **did** *you* say?	Co mówiłeś?
How many **would** *you* like?	Ile byś chciał?
What **do** *we* want?	Czego chcemy?
She asked him what *he*'**d** said.	Spytała go, co mówił.
The salesclerk asked how many *they* **would** like.	Sprzedawczyni spytała, ile by chcieli.
Simon and Bonnie **don't** know what *they* want.	Simon i Bonnie nie wiedzą, czego chcą.

Ćwiczenia

12.1 Lista angielskich słów pytających/
12.2 Użycie słów pytających

83. Zapytaj o podkreśloną część zdania. Użyj odpowiedniego zaimka pytającego z ramki.

Przykład: *I spent two weeks in <u>Lisbon</u>.*
Where did you spend two weeks?

whose	which	how	how	what
which	where	who	who	why

1. She watched <u>a film</u> on TV. ....
2. <u>Mike</u> wasn't there. ....
3. We met <u>Alie</u> at the station. ....
4. We met Alie <u>at the station</u>. ....
5. She's <u>Celia's</u> friend. ....
6. I stayed home <u>because I felt ill</u>. ....
7. I took <u>the 6.15</u> train. ....
8. We got there <u>by plane.</u> ....
9. I prefer the <u>blue</u> bag. ....
10. You can find the book <u>by looking it up in the catalogue.</u>
    ....

84. Zapytaj o podkreśloną część zdania, pamiętając o przyimku na końcu zdania.

Przykład: *I talked to <u>Steve</u>.*
   Who .... **did you talk to** ....?

1. I'm afraid of <u>spiders</u>. What ....?
2. I'm jealous of <u>her</u>. Who ....?
3. Jill was very good at <u>languages</u>. What ....?
4. I'm sorry for <u>shouting</u>. What ....?
5. The film was about <u>friendship</u>. What ....?
6. The book consists of <u>four parts.</u> What ....?
7. The car crashed into <u>the wall</u>. What ....?
8. She had died of <u>pneumonia</u>. What ....?
9. I'm thinking about my <u>exams</u>. What ....?
10. They come from <u>Peru</u>. Where ....?

13 *Relative Clauses* – zdania względne

Zdania względne są zdaniami podrzędnymi opisującymi rzeczownik lub grupę rzeczownikową:

The *one* **who wins** receives a prize.	Ten, kto wygrywa, dostaje nagrodę.
The *fish* **which jumped out of the water** was a salmon.	Rybą, która wyskoczyła z wody, był łosoś.
The fastest one, **who of course wins**, receives a prize.	Najszybszy, który oczywiście wygrywa, dostaje nagrodę.

W pierwszych dwóch przykładach zdanie względne jest nieodzowną częścią całego zdania. Jeśli usunęlibyśmy zdania względne, nie byłoby wiadomo, kto dostaje nagrodę ani o jakim łososiu mowa. W trzecim przykładzie usunięcie zdania względnego nie zmienia znacząco całości zdania: pozostaje ono zrozumiałe i brzmi naturalnie. Zdanie względne wnosi w tym wypadku tylko dodatkową informację.

Zasady oddzielania zdań względnych przecinkami

W języku pisanym różnicę między dwoma wymienionymi rodzajami zdań względnych zaznacza się za pomocą interpunkcji. Jeżeli zdanie względne opisuje tylko rzeczownik i jest konieczne do jego identyfikacji, a więc zawęża jego znaczenie, nie jest oddzielane przecinkiem. Natomiast jeżeli zdanie względne opisuje całą grupę rzeczownikową i wnosi tylko informację dodatkową, a więc może zostać bez szkody dla zrozumiałości zdania usunięte, oddziela się je przecinkami:

Those books which everyone has read are boring.	Książki, które wszyscy czytali, są nudne.
His new book, which everyone has read, is boring.	Jego nowa książka, którą wszyscy czytali, jest nudna.

Obecność lub brak przecinków niesie więc ważną informację i wpływa na znaczenie lub przynajmniej odcień znaczeniowy zdania. Porównaj:

My wife who loves flowers spends all day in the garden.	Moja żona, ta która lubi kwiaty, spędza cały dzień w ogrodzie. (Mówiący te słowa to bigamista opisujący jedną ze swych żon.)
My wife, who loves flowers, spends all day in the garden.	Moja żona, która lubi kwiaty, spędza cały dzień w ogrodzie. (Mówiący te słowa ma jedną żonę, którą dokładnie charakteryzuje tym zdaniem.)

13.1 *Relative Pronouns* – Zaimki względne

Angielskie zaimki względne to: **who, whom, whose, which, when, where** oraz **why**.

– **Who** może się odnosić do ludzi oraz zwierząt domowych:

I met a man **who** walked on his hands. — Spotkałam człowieka, który chodził na rękach.

A woman **who** was sweeping the sidewalk gave us directions. — Kobieta, która zamiatała chodnik, pokazała nam drogę.

That dog, **who** did tricks, followed me home. — Pies, który robił różne sztuczki, poszedł za mną do domu.

Whom jest rzadko używane w języku mówionym – zamiast niego używa się **who**:

The police officer **whom** you saw. — Policjant/policjantka, którego/którą widziałeś.

The police officer **who** you saw.

– W przeciwieństwie do **who** zaimek względny **whose** może odnosić się i do osób, i do rzeczy:

A chest, **whose** hinges were broken, stood in the corner. — Skrzynia z zepsutymi zawiasami stała w rogu.

– **Which** używa się w odniesieniu do rzeczy i istot żywych (zwierząt), z którymi nie ma się związku emocjonalnego:

The cookies **which** I dropped made Fido happy. — Ciasteczka, które upuściłam, bardzo ucieszyły Azora.

– W języku mówionym przyimek stanowiący część pytania zostawia się na końcu zdania względnego:

The businesswoman **who** Graham was talking **to** was his aunt.	Kobieta interesu, z którą rozmawiał Graham, to jego ciotka.
The vegetables **which** the chef had asked **for** were delivered.	Warzywa, o które prosił kucharz, zostały dostarczone.

W języku oficjalnym przyimek występuje przed zaimkiem względnym:

The businesswoman **to whom** Graham was talking was his aunt.	Kobieta interesu, z którą rozmawiał Graham, to jego ciotka.

– **When**, **where** i **why**

When stosuje się w odniesieniu do określeń czasu:

Do you remember the time **when** Walt scared the neighbors with his trumpet?	Czy pamiętasz, jak Walt wystraszył sąsiadów swoją trąbką?
That was the night **when** the electricity went out.	To była noc, kiedy wysiadł prąd.

– **Where** jest używane przede wszystkim, ale nie tylko, w odniesieniu do miejsca:

The city **where** I left my heart was Poznań.	Miastem, w którym zostawiłem swoje serce, jest Poznań.

> I know a restaurant **where** you get all you can eat for ten dollars.
> Znam restaurację, w której za dziesięć dolarów możesz jeść, ile zechcesz.
>
> It was a situation **where** nobody could win.
> To była sytuacja, w której nikt nie mógł wygrać.
>
> I was having a day **where** everything went wrong.
> To był dzień, kiedy wszystko szło mi źle.

– **Why** jest często, ale nie zawsze, używane jako zaimek względny po słowie **reason** („przyczyna") i znaczy mniej więcej tyle co **for which** („dla której", „dlaczego"). Jest to jedyne znaczenie **why** jako zaimka względnego:

> I never understood (the reason) **why** he left her.
> Nie mogę zrozumieć, dlaczego ją zostawił.

13.2 *That*

Zamiast niektórych zaimków względnych często używa się słowa **that**. W języku mówionym **that** brzmi o wiele naturalniej niż zaimek względny **which** odnoszący się do rzeczy:

> The lamp **that** we bought was very expensive.
> Lampa, którą kupiliśmy, była bardzo droga.
>
> The mouse **that** lives in my kitchen is quite clever.
> Myszka, która mieszka w mojej kuchni, jest całkiem sprytna.

Zaimki pozostają na końcu zdania względnego:

> The chair **that** Andrew was sitting **on** collapsed.
> Krzesło, na którym siedział Andrew, złamało się.
>
> The young woman **that** he was talking **about** doesn't like us.
> Młoda kobieta, o której mówił, nie lubi nas.

That można użyć tylko w zdaniach względnych opisujących czasownik. Jeżeli zdanie względne opisuje grupę rzeczownikową, trzeba użyć zaimka względnego.

That nie może zastępować dzierżawczego zaimka względnego **whose**.

Czasem w zdaniu względnym nie używa się ani zaimka względnego, ani **that**. Jest to szczególnie charakterystyczne dla języka mówionego:

> The hotel they took Debbie to had a swimming pool.
> Hotel, do którego wzięli Debbie, miał basen.

Zaimki względne i **that** można opuszczać tylko w zdaniach względnych opisujących rzeczownik, z wyjątkiem sytuacji, gdy zaimek względny lub **that** odnosi się do podmiotu zdania względnego:

> the man **who** saw the movie star
> człowiek, który widział gwiazdę filmową

the man (**who**) the movie star saw — człowiek, którego widziała gwiazda filmowa
the man (**who**) I saw the movie star with — człowiek, z którym widziałam gwiazdę filmową

W pierwszym przykładzie zaimek względny (**who**) odnosi się do podmiotu zdania względnego i nie można go pominąć. W drugim i trzecim przykładzie można usunąć zaimek względny bez szkody dla zrozumiałości i znaczenia zdania, ponieważ nie odnosi się on do podmiotu zdania względnego.

13.3 *Free Relatives*

Free Relative to taki rodzaj zdania względnego, które nie opisuje grupy rzeczownikowej, ale samo taką tworzy. Innymi słowy jest to takie zdanie względne, które samo funkcjonuje jako podmiot, dopełnienie itd.

Podmiot:

What irritated me so much was their attitude. — To ich postawa tak mnie irytowała.

Dopełnienie:

He eats **whatever he can get**. — Je cokolwiek mu się uda dostać.

W zdaniach, które określa się jako *Free Relatives,* można używać **what**, **where**, **when** a często także **who**:

What you need is exercise. — Potrzebujesz ruchu.
I have **what** you want. — Mam to, czego chcesz.
It wasn't **where** it was supposed to be. — Nie było tego tam, gdzie miało być.
They came and went **when** they pleased. — Przychodzili i wychodzili, kiedy im się podobało.
I'm going to thrash **who** did it. — Zleję tego, kto to zrobił.

Istnieją jednak także zaimki charakterystyczne dla *Free Relatives*. Tworzy się je za pomocą słówka **-ever**:

Who**ever** told you that was lying. — Ktokolwiek ci to powiedział, kłamał.
I'll bring what**ever** you need. — Przyniosę, czegokolwiek potrzebujesz.
They simply went wher**ever** the bus took them. — Jechali po prostu, gdziekolwiek ich zawiózł autobus.
We can leave when**ever** you're ready. — Możemy wyjść, kiedykolwiek będziesz gotowa.

Ćwiczenia

13.1 Zaimki względne/13.2 That

85. Wybierz z ramki odpowiednie fragmenty zdań względnych i uzupełnij nimi zdania poniżej, pamiętając o przecinkach w przypadku zdań opisujących.

Przykład: *Mr. Murphy, **who is my son's maths teacher**, was taken to hospital yesterday.*

~~who is my son's maths teacher~~	who was promoted last month
I wanted to buy so badly	which I saw yesterday
where she comes from	who I was waiting for
I had to take to get to London	who is my best friend
who has been driving all day	which I got for my birthday
which I last visited twenty years ago	

1. The film .... was about a woman who falls in love with her boss.
2. Miriam .... is very tired and wants to have a rest.
3. Hamburg .... has changed a lot recently.
4. What a pity! The house .... was sold yesterday.
5. The train .... was twenty minutes late.
6. Peter .... decided to change his job.
7. The man .... didn't turn up.
8. Amy .... came to my assistance.
9. The village .... is somewhere in Devonshire.
10. The dictionary .... is a really good one.

*86. Uzupełnij zdania odpowiednimi zaimkami względnymi: **who**, **which**, **that**, **where**, **whose**, **whom** lub postaw kreskę (brak zaimka). W niektórych przypadkach możliwych jest kilka poprawnych odpowiedzi.*

Przykład: *This is the dog ...... **which/that/–** .... I found straying on the streets.*

1. The woman .... I wanted to see unfortunately was away.
2. The person .... got lost at the airport was Gerard.
3. The accident was caused by a lorry .... went into a skid.
4. London, ... is the capital of the United Kingdom, has a population of over 7 million people.

5. Mark, ... sister was my best friend at college, has become very famous for his journalistic work.
6. The girl with .... he fell in love left him for another man.
7. This is the restaurant .... I ate delicious fish soup some time ago.

87. Połącz dwa zdania w jedno, tworząc zdanie względne opisujące (z przecinkami) lub ograniczające (bez przecinków). Użyj słowa łączącego z ramki. W niektórych przypadkach konieczne są drobne zmiany.

~~which~~	which	which	which
~~who~~	who	where	whose

Przykład: *The strike is over. It lasted 6 days.*
The strike, which lasted 6 days, is now over.

A man came to see you. It was Mr. Gibbs.
The man who came to see you was Mr. Gibbs.

1. Mandy's mother is a shopkeeper. She lives in Glasgow.
   ....
2. A picture was stolen. It was painted by Monet.
   ....
3. A man is dead. His daughter is a Member of Parliament.
   ....
4. The Second World War claimed the lives of thousands of innocent people. It broke out in 1939.
   ....
   ....
5. The Thames in London is in fact the cleanest urban river in Europe. It's regarded by many as a very polluted river.
   ....
   ....
6. A village is situated behind those hills. I was born there.
   ....

13.3 Free relatives

*88. Podkreślone zwroty zastąp zaimkiem **whoever**, **whatever**, **whichever**, **whenever** lub **wherever**.*

1. She said she would buy me <u>any thing</u>/........................ I wanted.
2. <u>Any time</u>/........................ I go to the corner shop it's closed.
3. <u>Any place</u>/........................ you choose to go for our holiday would be fine with me.
4. <u>Everyone who</u>/........................ would like to enrol for the Spanish language course should fill in that form.
5. <u>Anything</u>/........................ I say and <u>anywhere</u>/........................ I take her she's never pleased.

14. *Negation* – przeczenie

14.1 Słowa i wyrażenia o znaczeniu przeczącym

Niektóre konstrukcje gramatyczne występują przede wszystkich w zdaniach z elementami przeczenia. Trzeba pamiętać, że takie zdania niekoniecznie muszą zawierać powszechnie znane słowa przeczące (takie jak **not**, **never**, **no**), a jedynie słowa o wydźwięku negującym, np.:

few	niewiele
rarely, seldom	rzadko
hardly, scarcely, barely	ledwo co, jak tylko

14.2 Słowa zawierające *any-*

Słowo **any** i jego złożenia z innymi słowami, takie jak **anyone, anywhere**, stosuje się w zdaniach zaprzeczonych, w których nie wolno użyć **some** i jego złożeń, np. **someone, somewhere** itd. W zdaniach przeczących, w których odnosimy się do określeń czasu, zamiast **any** należy użyć **ever**.

1. Jeśli podmiotem jest słowo zawierające negację, złożenie z **any** musi się znaleźć na końcu zdania:

No one ever said **anything**.	Nikt nigdy nic nie powiedział.
Few sloths went **anywhere**.	Niewiele leniwców gdziekolwiek chodziło.

2. Jeżeli przed czasownikiem stoi przysłówek o wydźwięku negującym, to po czasowniku zamiast złożenia z **some**, musi się znaleźć złożenie z **any**:

Kerry seldom talked to **anybody**.	Kerry rzadko z kimkolwiek rozmawiała.
Duncan almost never does **anything**.	Duncan prawie nigdy nic nie robi.

3. W zdaniu zawierającym zaprzeczone określenie czasu lub dopełnienie po czasowniku najczęściej pojawi się **not** i złożenie z **-any**:

There weren't **any** more.	Nie było więcej.
I couldn't find my gloves **anywhere**.	Nie mogłam nigdzie znaleźć moich rękawiczek.

W pytaniach o rozstrzygnięcie najczęściej używa się złożeń z **-any**:

Has **anybody** seen my raincoat?	Czy ktoś widział mój płaszcz przeciwdeszczowy?
Has Toby blabbed the secret to **anyone** yet?	Czy Tony już komuś wypaplał tę tajemnicę?

Ćwiczenia

14.1 Słowa i wyrażenia o znaczeniu przeczącym

89. Zaznacz prawidłową odpowiedź.

1. She ... barely 5 and she can read and write.
   ❏ isn't ❏ is
2. I ... go to the cinema.
   ❏ hardly ever ❏ hardly never
3. We ... Aunt Martha and Uncle Benny. The live too far away.
   ❏ don't seldom visit ❏ seldom visit
4. There ... no crisps or biscuits left for me. They had eaten everything.
   ❏ were ❏ weren't
5. I ... at all.
   ❏ can barely dance ❏ can't barely dance
6. Mrs. Patriotic ... the country.
   ❏ never leaves ❏ doesn't never leave
7. We ... each other.
   ❏ don't hardly know ❏ hardly know
8. You ... the slightest chance of winning that competition.
   ❏ have ❏ don't have
9. I asked my neighbour to lend me some eggs but she said she ... .
   ❏ hadn't none ❏ had none
10. She ... the windows in her house so it's very stiffling inside.
    ❏ rarely opens ❏ doesn't rarely open

14.2 Słowa zawierające any-

*90. Wstaw **some**, **any**, **someone**, **something**, **somewhere**, **anyone**, **anything** lub **anywhere**.*

1. I couldn't find .... who would help me with the work.
2. I can't find my passport but I know it must be .... in this room.
3. .... people think it's funny, but I can't see .... funny in it at all.
4. Is there .... milk left?
5. This restaurant is too crowded. Let's go .... else.
6. Why are you looking in my drawer? Have you lost ....?
7. I'm not going .... for the holidays. I'm going to stay home and read .... interesting books.
8. I haven't got .... money.
9. There's .... waiting for you outside.
10. I have so much work, that I don't have .... free time.

15. Klucz

1. Czasowniki

1.1 Czasowniki zwykłe

Ćwiczenie 1

Czasowniki regularne

believe - believed
carry - carried
die - died
dry - dried
hate - hated
help - helped
introduce - introduced
invite - invited
live - lived
look - looked
love - loved
pass - passed
play - played
prefer - preferred
refuse - refused
repair - repaired
seem - seemed
stay - stayed
use - used
watch - watched

Czasowniki nieregularne

be - was/were - been
buy - bought - bought
come - came - come
cut - cut - cut
do - did - done
drive - drove - driven
eat - ate - eaten
fall - fell - fallen
feel - felt - felt
fly - flew - flown
forget - forgot - forgotten
get - got - got/gotten *AmE*
give - gave - given
go - went - gone
grow - grew - grown
have - had - had
make - made - made
meet - met - met
pay - paid - paid
put - put - put
see - saw - seen
set - set - set
sing - sang - sung
sit - sat - sat
sleep - slept - slept
speak - spoke - spoken
swim - swam - swum
take - took - taken
tell - told - told
think - thought - thought

1.2 Czasy gramatyczne

Ćwiczenie 2

1. am ('m) reading
2. is ('s) shining
3. rises/sets
4. are you doing
5. do you do
6. watches
7. do you usually get up
8. go/am ('m) going
9. don't need
10. is ('s) using

Ćwiczenie 3

1. have ('ve) eaten/ate *AmE*
2. did you eat
3. has just gone
4. went
5. have ('ve) never been
6. did... go
7. has ('s) broken
8. broke
9. died
10. has it stopped/stopped
11. have ('ve) just cleaned
12. have ('ve) lost
13. Have you checked/have
14. began
15. Have you finished

Ćwiczenie 4

1. were watching/phoned
2. heard/started
3. was running/thinking/stopped
4. did you go
5. were you talking to/arrived
6. realised/was walking
7. was looking for/found
8. found/was cleaning/did it belong to
9. was living/lived
10. stopped/was
11. lost/was running
12. had
13. was having/arrived
14. were doing /was climbing/was tearing

Ćwiczenie 5

1. will ('ll) feed
2. will ('ll) be sitting
3. are ('re) going to trip/will ('ll) trip
4. does the play start
5. am ('m) having/going to have
6. will you tell
7. will ('ll) manage
8. will ('ll) visit
9. am ('m) going to open
10. will ('ll) be giving
11. won't be using/am ('m) not using
12. is ('s) going to rain
13. will ('ll) like
14. will ('ll) have to
15. will be sleeping
16. am ('m) seeing **lub** am ('m) going to see

Ćwiczenie 6

1. works
2. produces
3. exports
4. is
5. lives
6. requires
7. went
8. travelled
9. is selling
10. are staying
11. were also staying
12. went
13. visit

Ćwiczenie 7

1. She had just eaten her dinner.
2. I hadn't seen him before.
3. He had had failed 6 times before.
4. My car had broken down.
5. She had already left.

Ćwiczenie 8

1. have released
2. were arrested
3. was found
4. were evacuated
5. was declared
6. were found
7. said

Ćwiczenie 9

1. Oil has been discovered in this valley.
2. Peter's cat was ran over.
3. My house was broken into at the weekend.
4. Different types of exotic fruit are exported from Africa.
5. A new road will be built here.

Ćwiczenie 10

1. He is said to have a lot of money.
2. He is considered to be unreliable.
3. Jack was known to be in

Asia.
4. Martha is believed to be a good mother.
5. Mr Murphy is said to be a friend of the president.

1.3 Czasowniki posiłkowe

Ćwiczenie 11

1. Does he want to borrow your car?
2. Did she have an accident?
3. Does this luggage belong to him?
4. Did it happen yesterday?
5. Have we been there before?
6. Did Arthur wake up at seven?
7. Will you find the answers at the back?
8. Did Sarah open the door and come in?

Ćwiczenie 12

1. She's not (she isn't) having an appointment with her dentist tomorrow.
   Is she having an appointment with her dentist tomorrow?
   Yes, she is.
   No, she isn't (no, she's not).
2. Alex doesn't speak Italian.
   Does Alex speak Italian?
   Yes, he does.
   No, he doesn't.
3. I didn't play football yesterday.
   Did you play football yesterday?
   Yes, I did.
   No, I didn't.
4. The match hadn't been cancelled.
   Had the match been cancelled?
   Yes, it had.
   No, it hadn't.
5. He hasn't been ill recently.
   Has he been ill recently?
   Yes, he has.
   No, he hasn't.

Ćwiczenie 13

1. will you
2. shouldn't I
3. can he
4. will you
5. hadn't she
6. wasn't he
7. doesn't she
8. won't she
9. aren't we
10. does he
11. didn't you
12. did she

1.4 Czasowniki modalne

Ćwiczenie 14

1. could
2. haven't been able to
3. won't be able to
4. could
5. Can you
6. may not
7. may
8. might
9. may
10. mustn't

Ćwiczenie 15

1. E
2. F
3. A
4. C
5. G
6. B
7. D

Ćwiczenie 16

1. may
2. may not
3. may
4. may
5. may not

Ćwiczenie 17

Ćwiczenie otwarte

Ćwiczenie 18

1. might have been killed
2. can't have met
3. must have seen
4. could have failed
5. should have taken
6. can't have translated
7. must have paid
8. might have said
9. couldn't have gone
10. ought to have phoned

1.5 Czasowniki specjalne

Ćwiczenie 19

1. is
2. are
3. was
4. were
5. is ('s)
6. was
7. were
8. was

Ćwiczenie 20

1. Did we (you) have dinner at 6.00?
2. Does Mia have a nice flat in Berlin?
3. Have I (you) been to London twice before?
4. Had they ever seen anything like that?
5. Had she suffered a lot?
6. Does Thomas have a Japanese wife?
7. Do you have a good idea?
8. Are you (Am I) having your (my) hair cut tomorrow?

2. Przyimki

2.1 Przyimki czasu

Ćwiczenie 21

1. on
2. in
3. on
4. in
5. in
6. at
7. at
8. in
9. at
10. at

Ćwiczenie 22

1. -
2. for
3. during
4. throughout
5. during
6. for

2.2 Przyimki miejsca

Ćwiczenie 23

1. on
2. in
3. at/at
4. at/in
5. in
6. on/at
7. at
8. in
9. at
10. on

2.3 Przyimki kierunku

Ćwiczenie 24

1. on
2. in/into
3. in/into
4. in
5. on/onto
6. on/onto

Ćwiczenie 25

1. a couple of
2. a pair of
3. couple
4. a pair
5. a couple/pairs
6. pairs

Ćwiczenie 26

1. in spite of
2. because of
3. from under
4. out of
5. instead of

151

3. Phrasal verbs

Ćwiczenie 27

1. C
2. F
3. H
4. G
5. B
6. I
7. J
8. A
9. E
10. D

Ćwiczenie 28

1. look after
2. look it up
3. looking for
4. looking forward
5. look back

Ćwiczenie 29

1. catch up with
2. Get out of
3. keep up with
4. run out of
5. look out for

Ćwiczenie 30

1. do without ketchup
2. put on her best clothes/put her best clothes on
3. put me up
4. saw Sarah off
5. take after your mother
6. made the whole story up/made up the whole story
7. turn off the light/turn the light off
8. put it aside
9. make it out
10. turned down my offer/turned my offer down

Ćwiczenie 31

1. C
2. G
3. E
4. B
5. F
6. D
7. A

Przykładowe zdania:

1. Switch off the light whenever you leave a room.
2. Mary took off her coat and hung it on a hanger.
3. Get in the car!
4. Could you please turn the music down a bit?
5. The man lit up a cigarette and smiled.
6. Several shops have closed down since the recession began.
7. My brother takes up a new hobby every now and then. Three months ago it was golf, now it's roller-skating. I wonder what will be next: scuba diving?

Ćwiczenie 32

1. I want to be a journalist when I grow up.
2. I haven't fully got over the flu yet
3. I can't do up my zip (do my zip up). I must have put on weight.
4. Can I try this skirt on?
5. I'd like to spend a few months in France to pick up some French.
6. After having made up my pilot study I decided to carry out a full-scale research study.
7. Lucy and Tim have just set off on their honeymoon trip to Mexico. They're going to come back at the end of the month.
8. The electricity has been cut off because they haven't paid their last bills.
9. Just fill in the form and return it to us in the envelope provided - no stamp needed.
10. Hold on a minute, I'll check it out.

4. Rzeczowniki

4.1 Pisownia wielkich i małych liter

Ćwiczenie 33.

T	H	U	S	D	A	Y	Y	M	A
U	L	Y	U	A	P	A	A	A	Y
E	C	L	N	Y	R	M	D	T	A
S	T	L	D	M	I	O	N	S	D
D	O	U	A	E	L	U	O	U	S
A	B	J	Y	N	O	D	M	G	E
Y	A	D	R	U	T	A	S	U	N
A	Y	L	U	J	B	Y	D	A	D
S	E	P	T	E	M	B	E	R	E
O	Y	R	A	U	R	B	E	F	W

Thursday
Friday
January
March
October
November
December

4.2 Liczba mnoga

Ćwiczenie 34

1. children
2. berries
3. churches
4. calves
5. bosses
6. geese
7. watches
8. feet
9. foxes
10. brushes
11. men
12. flies
13. boxes
14. mice
15. boys
16. days
17. wives
18. women
19. waves
20. lice

4.3 Formy dopełniacza

Ćwiczenie 35

1. chemist's
2. baker's
3. newsagent's
4. florist's
5. butcher's

Ćwiczenie 36

1. at Laura's
2. at his parents'
3. at my sister's

Ćwiczenie 37

1. Mrs. Smith's
2. The Smiths'
3. my sisters'
4. my sister's

4.4 Rzeczowniki policzalne i niepoliczalne

Ćwiczenie 38

1. a grey hair
2. grey hair
3. a beer
4. beer
5. work
6. works
7. a turkey
8. turkey
9. painting
10. a painting
11. an experience
12. experience
13. tea
14. a tea
15. a glass
16. glass
17. paper
18. a paper
19. a good knowledge
20. knowledge

Ćwiczenie 39

1. is her hair
2. looks
3. some tea **lub** a cup of tea
4. Money is
5. news
6. My teeth
7. a piece of good advice **lub** some good advice
8. any information

4.5 Pair nouns

Ćwiczenie 40

1. These jeans/are
2. they're
3. These/don't
4. are
5. This/looks

5. Zaimki

5.1 Zaimki osobowe

Ćwiczenie 41

1. They decided to show it to her.
2. His house is over there.
3. She has given it to him.
4. I opened it and handed it to her.
5. It is in Africa.

5.2 Formy dzierżawcze

Ćwiczenie 42

1. my
2. yours
3. mine
4. mine
5. mine
6. yours
7. mine
8. my
9. my
10. yours
11. mine

Ćwiczenie 43

1. You mustn't smoke in this building
2. You shouldn't believe everything you see on TV.
3. You never know what may happen to you.
4. In Great Britain you have to drive on the left.
5. You have to work very hard to earn your living.

Ćwiczenie 44

1. One mustn't smoke in this building.
2. One shouldn't believe everything one sees on TV.
3. One never knows what may happen to one.
4. In Great Britain one has to drive on the left.
5. One has to work very hard to earn one's living.

5.3 Zaimki zwrotne

Ćwiczenie 45

1. myself
2. him
3. its
4. himself
5. hers
6. me **lub** I
7. our

Ćwiczenie 46

1. each other
2. each other
3. each other
4. ourselves
5. themselves
6. each other
7. themselves

5.4 Zaimki wskazujące

Ćwiczenie 47

1. All
2. none
3. each
4. everything
5. everyone
6. None
7. everything
8. each

Ćwiczenie 48

1. neither
2. Both
3. Neither/both
4. Either
5. Neither
6. Neither
7. Both/either
8. Either
9. Neither
10. both

Ćwiczenie 49

1. Neither Steve nor Bob went to university.
2. Both Ian and Rob go to school by bus.
3. You can have either a sandwich or an omelette for lunch.
4. Both me and my friend often play tennis.
5. We will spend our holidays either in Greece or in Spain.
6. This book is either his or hers.
7. Both my Mum and my Dad like Mozart.
8. Neither Mr. Smith nor the other man saw accident.
9. Both this building and that church were built in the nineties.
10. Andy speaks neither Russian nor Polish.

6. Przedimki

6.1 Przedimek nieokreślony/6.2 Przedimek określony

Ćwiczenie 50

1. a
2. -
3. an
4. a
5. The/the/the
6. the
7. - / -
8. the
9. an
10. The/-/-
11. an
12. an
13. the
14. the
15. -
16. the
17. an
18. The/the/-
19. the
20. The/the
21. the/-/an
22. -
23. the/-
24. -/the
25. -/-
26. a
27. a
28. a
29. -
30. -

6.3 Zaimki wskazujące

Ćwiczenie 51

1. These
2. these
3. those
4. that
5. this

6.4 Inne określniki

Ćwiczenie 52

1. each
2. every
3. Every
4. Each
5. every

Ćwiczenie 53

1. both
2. Neither
3. Either
4. Neither
5. both

153

7. Wyrażanie ilości

Ćwiczenie 54

1. a lot of/much
2. many
3. much
4. much **lub** a lot of
5. much
6. much
7. many
8. many **lub** a lot of
9. much
10. many **lub** a lot of

Ćwiczenie 55

1. a little
2. a few
3. little
4. a few
5. little
6. little
7. a few
8. a few
9. little
10. few

8. Przymiotniki

8.1 Uwagi ogólne

Ćwiczenie 56

1. interested
2. satisfying
3. dying
4. spoken
5. finished
6. washing
7. glowing
8. sparkling

8.2 Stopniowanie przymiotników

Ćwiczenie 57

1. further
2. the most cruel **lub** the cruelest
3. the prettiest
4. the most important
5. happier
6. the most fascinating

Ćwiczenie 58

1. older **lub** elder **lub** oldest **lub** eldest
2. best
3. further **lub** farther
4. more common **lub** commoner **lub** the commonest **lub** the most common
5. bigger
6. more comfortable
7. more helpful
8. wider
9. worst
10. most expensive

8.3 Przymiotniki w grupie rzeczownikowej

Ćwiczenie 59

1. the bigger one
2. one
3. new ones
4. one
5. the older one
6. one
7. A second-hand one
8. the old ones

8.4 Przymiotniki po czasownikach

Ćwiczenie 60

1. safe
2. happy
3. happily
4. good
5. cold
6. sweet

8.5 Good - well

Ćwiczenie 61

1. well
2. well
3. good
4. good
5. well

8.6 Own

Ćwiczenie 62

1. You have to take your own provisions for the trip as meals are not included.
2. I'd like to have my own car. Public transport can be a nuisance.
3. That would be really hard to believe, but I saw it with my own eyes.
4. She's single and she lives on her own.
5. My son is so unlike anyone from the family that it's hard to believe he's our own flesh and blood.

8.6 Than

Ćwiczenie 63

1. me
2. she does
3. expected
4. Harry
5. he is

8.8 Konstrukcja as...as

Ćwiczenie 64

1. as flat as
2. as brown as
3. as easy as
4. as tall as
5. as quiet as
6. as like as
7. as gentle as
8. as white as

8.10 Pytania ogólne

Ćwiczenie 65

1. How's your father?
2. What does the house look like?
3. What's she like?
4. is
5. How was your day?

9. Przysłówki

9.1 Różnica między przymiotnikiem a przysłówkiem

Ćwiczenie 66

1. She sings badly.
2. Alex skis very well.
3. My sister plays tennis poorly.
4. You talk really fast!
5. I work hard.

9.2 Tworzenie przysłówków

Ćwiczenie 67

1. straight
2. fluently
3. equally
4. logically
5. purely
6. fast
7. terribly
8. long
9. in a friendly way **lub** manner
10. near
11. absolutely
12. loudly **lub** loud
13. back
14. early
15. gently

Ćwiczenie 68

1. home
2. home **lub** at home
3. home **lub** at home
4. home **lub** at home
5. home
6. home

9.3 Stopniowanie przysłówków

Ćwiczenie 69

1. worse
2. less
3. better
4. more
5. more

9.4 Przysłówki opisujące czasownik lub zdanie

Ćwiczenie 70

1. I rather like my work.
2. Luckily, he wasn't badly injured **lub** injured badly.
3. Have you ever been to New Zealand?
4. I sometimes spend the weekend with my parents. **lub** Sometimes I spend the weekend with my parents. **lub** I spend the weekend with my parents sometimes.
5. They're probably right.
6. Unfortunately, I've lost my wallet.
7. I'll be waiting for you outside.
8. The film was really good.
9. Ken was working busily when I arrived.
10. I sat comfortably in the armchair.
11. The children were playing quietly in the back garden.
12. Patrick was walking nervously around the room.
13. Samantha arrived pretty late.
14. I often watch TV late at night.
15. Maybe you should go.

10. Spójniki współrzędne

10.1 Spójniki jednowyrazowe

Ćwiczenie 71

1. but
2. or/and
3. or
4. but
5. and
6. but
7. and
8. but

10.2 Spójniki złożone

Ćwiczenie 72

1. We can leave either tonight or tomorrow morning.
2. Neither Nathaniel nor Francis came to my party.
3. She invited both Laura and Pat.
4. He spoke neither French nor English.
5. I was both hungry and sleepy.

11. Budowa zdania

11.1 Zdanie oznajmujące

Ćwiczenie 73

1. I'm going to show my new flat to my parents.
2. My father always read a story to us before we went to sleep.
3. He offered really good working conditions to the man.
4. She told a lie to him.
5. Mrs. Peterson promised a new computer to his son.

11.2 Pytania w funkcji zdania podrzędnego

Ćwiczenie 74

1. He asked **lub** wanted to know what (had) happened.
2. She asked **lub** wanted to know how much it would cost.
3. Kurt asked me **lub** wanted to know if **lub** whether I was happy.
4. Lorena asked **lub** wanted to know how long it would take.
5. George asked **lub** wanted to know if **lub** whether there was anything he could do for me.
6. Dorris asked **lub** wanted to know when my birthday is **lub** was.
7. Patty asked **lub** wanted to know if **lub** whether she should go.
8. Phillip asked **lub** wanted to know if **lub** whether I live **lub** lived in England.
9. Jasmine asked **lub** wanted to know how long I had been in the country.
10. Michael asked **lub** wanted to know why I was laughing.

11.3 Mowa zależna/ 11.4 Zaimki

Ćwiczenie 75

1. Uncle Ted said (that) it was snowing again.
2. The manager said (that) they had made a mistake.
3. Brenda said (that) she would come as soon as possible.
4. The girl said (that) her bag had been stolen.
5. The boy said (that) he hated/hates maths.
6. Eric said (that) we/they could go together.
7. Sharon said (that) her mobile didn't work.
8. Melanie said (that) she hadn't done it on purpose.
9. Nick said (that) his train left/leaves at 5.48.
10. Louis said that we **lub** they might be late.

11.5 Zdania podrzędne okolicznikowe/11.6 Zdania z if i when/11.7 Formy czasownika w zdaniach z if/11.8 Inne zdania podrzędne okolicznikowe/ 11.9 Zdania bezokolicznikowe/11.10 Zdania okolicznikowe celu

Ćwiczenie 76

1. was **lub** were
2. had listened
3. won't ride **lub** shouldn't ride
4. get
5. eat
6. would be
7. hadn't cheated
8. wouldn't have
9. had arrived
10. will be **lub** can be

Ćwiczenie 77

1. when
2. since
3. when
4. If
5. while
6. before
7. while
8. if

Ćwiczenie 78

1. F
2. H
3. G
4. A
5. B
6. E
7. D
8. C

11.11 Zdania z formą -ing czasownika

Ćwiczenie 79

1. learning
2. shopping
3. falling
4. driving
5. travelling
6. handing
7. closing
8. swimming
9. cooking
10. leaving

155

11. lying
12. stopping

Ćwiczenie 80

1. E
2. B
3. F
4. D
5. A
6. C

11.12 Let - pozwalać/
11.13 Have - polecić/
11.14 Make - zmuszać

Ćwiczenie 81

1. have/serviced
2. had/enlarged
3. had/pierced
4. are having/redecorated
5. has/delivered
6. have/x-rayed
7. is having/removed
8. have/put
9. am having/fixed
10. have/re-papered

Ćwiczenie 82

1. go
2. read
3. to move out
4. stop
5. stay up
6. come
7. to do
8. drive

12. Pytania zaczynające się od słowa pytającego

12.1 Lista angielskich słów pytających/
12.2 Zastosowanie

Ćwiczenie 83

1. What did she watch on TV?
2. Who wasn't there?
3. Who did we meet at the station?
4. Where did we meet Alie?
5. Whose friend is she?
6. Why did I stay home?
7. Which train did I take?
8. How did we get there?
9. Which bag do I prefer?
10. How can you find the book?

Ćwiczenie 84

1. What are you afraid of?
2. Who are you jealous of?
3. What was Jill very good at?
4. What are you sorry for?
5. What was the film about?
6. What does the book consist of?
7. What did the car crash into?
8. What had she died of?
9. What are you thinking about?
10. Where do they come from?

13. Zdania względne

13.1 Zaimki względne/13.2 That

Ćwiczenie 85

1. The film which I saw yesterday was about a woman who falls in love with her boss.
2. Miriam, who has been driving all day, is very tired and wants to have a rest.
3. Hamburg, which I last visited twenty years ago, has changed a lot recently.
4. What a pity! The house I wanted to buy so badly was sold yesterday.
5. The train I had to take to get to London was twenty minutes late.
6. Peter, who was promoted last month, decided to change his job.
7. The man who I was waiting for didn't turn up.
8. Amy, who is my best friend, came to my assistance.
9. The village where she comes from is somewhere in Devonshire.
10. The dictionary you are looking at, which I got for my birthday, is a really good one.

Ćwiczenie 86

1. who **lub** whom **lub** that **lub** -
2. who **lub** that
3. which **lub** that
4. which
5. whose
6. whom
7. where

Ćwiczenie 87

1. Mandy's mother, who lives in Glasgow, is a shopkeeper.
2. The picture which was stolen was painted by Monet.
3. The man whose daughter is a Member of Parliament is dead.
4. The Second World War, which broke out in 1939, claimed the lives of thousands of innocent people.
5. The Thames in London, which is regarded by many as a very polluted river, is in fact the cleanest urban river in Europe.
6. The village where I was born is situated behind those hills.

13.3 Free relatives

Ćwiczenie 88

1. whatever
2. Whenever
3. Wherever
4. Whoever
5. Whatever/wherever

14. Przeczenie

14.1 Słowa i wyrażenia o znaczeniu przeczącym

Ćwiczenie 89

1. is
2. hardly ever
3. seldom visit
4. were
5. can barely dance
6. never leaves
7. hardly know
8. don't have

14.2 Słowa zawierające any-

Ćwiczenie 90

1. anyone
2. somewhere
3. some/anything
4. any
5. somewhere
6. something (anything)
7. anywhere/some
8. any
9. someone
10. any

16. Słowniczek angielskich terminów gramatycznych

Active
Strona czynna: forma zdania, w której rzeczownik w funkcji podmiotu jest wykonawcą czynności opisywanej przez czasownik, który poprzedza. Por. *Passive*.

Adjective
Przymiotnik: opisuje rzeczownik lub grupę rzeczownikową.

Adverb
Przysłówek: słowo opisujące czasownik, przymiotnik lub inny przysłówek w zdaniu.

Article
Przedimek: poprzedza grupę rzeczownikową i stanowi wskazówkę, czy jest ona określona, czy nieokreślona.

Auxiliary
Czasownik posiłkowy: czasównik używany z czasownikiem zwykłym; pomaga w tworzeniu czasów gramatycznych, może służyć do uzupełniania znaczenia (z niektórymi czasownikami ułomnymi) lub spełniać funkcje gramatyczne. W języku angielskim czasowniki posiłkowe zawsze występują w zdaniu przed czasownikiem zwykłym.

Continuous Tenses
Czasy ciągłe: czasy gramatyczne wskazujące na to, że dana czynność trwała, trwa lub będzie trwała w pewnym określonym momencie czasu.

Infinitive
Bezokolicznik; podstawowa nie-odmienna forma czasownika. Angielski bezokolicznik jest najczęściej poprzedzony partykułą **to**, którą jednak czasem się opuszcza.

Main Clause
Zdanie główne: opisuje podstawowe wydarzenie lub stan, do którego odnosi się całe zdanie. W wypowiedzi *They said that the tree was old* zdanie główne to *They said*, ponieważ całe zdanie odnosi się przede wszystkim do faktu, że ktoś się wypowiedział na jakiś temat.
Por. *Subordinate Clause*.

Modal Auxiliary Verb
Ułomny czasownik posiłkowy: angielskie czasowniki ułomne to **can**, **could**, **will**, **would**, **shall**, **should**, **may**, **might** i **must**. Czasem zalicza się do nich także **need** i **dare**. Czasownik ułomny nie ma formy bezokolicznika ani imiesłowów i niezależnie od podmiotu nie przyjmuje żadnych końcówek.

Noun
Rzeczownik: słowo określające przedmiot, istotę żywą lub zjawisko abstrakcyjne.

Noun Phrase
Grupa rzeczownikowa: jej ośrodkiem jest rzeczownik albo zaimek.

Object
Dopełnienie: grupa rzeczownikowa stojąca po czasowniku. Niektóre rzeczowniki mają dwa dopełnienia: pierwsze z nich to tak zwane dopełnienie dalsze (*indirect object*), a drugie to dopełnienie bliższe (*direct object*).

Participle
Imiesłów: forma czasownika, która może funkcjonować jako czasownik lub jako przymiotnik. Imiesłów funkcjonujący jako czasownik może stać w angielskim zdaniu głównym tylko za czasownikiem posiłkowym, ale w zdaniu podrzędnym może występować samotnie.

Passive
Strona bierna: forma zdania, w której podmiotem nie jest wykonawca czynności opisywanej przez czasownik. W zdaniu w stronie biernej dopełnienie odpowiadającego mu zdania w stronie czynnej funkcjonuje jako podmiot, a podmiot zdania w stronie czynnej albo zupełnie znika, albo jest wprowadzony przez przyimek **by** na końcu zdania. Po polsku stronę bierną wprowadza się za pomocą czasownika „zostać"; po angielsku służą do tego czasowniki **be** i czasem **get**.
Por. *Active*.

Past Participle
Imiesłów bierny; trzecia forma czasownika: używany do tworzenia *Perfect Tenses* (z czasownikiem posiłkowym **have**) i strony biernej (z czasownikiem posiłkowym **be**).

Perfect Tenses
Czasy dokonane (perfektywne): tworzy się je, łącząc **have** i *Past Participle*. Opisują stan lub czynność rozpoczętą przed określonym momentem w przeszłości.

Phrase
Fraza, grupa wyrazowa: szereg słów zajmujących określone miejsce w zdaniu, np. zajmujących pozycję podmiotu. Fraza może składać się z jednego słowa, np. wszystkie zaimki są jednocześnie frazami.

Possessive
Forma dzierżawcza: wskazuje, do kogo coś należy lub komu/czemu jest przyporządkowane itd.

Preposition
Przyimek: określa przede wszystkim, gdzie ktoś lub coś się znajduje.

Pronoun
Zaimek: pojedyncze słowo zastępujące całą grupę rzeczownikową.

Reflexive Pronoun
Zaimek zwrotny: zaimek odnoszący się do tej samej osoby lub rzeczy co podmiot zdania.

Relative Pronoun
Zaimek względny: stoi na początku zdań względnych, łącząc je z poprzedzającym rzeczownikiem, względnie grupą rzeczownikową.

Relative Clause
Zdanie względne: zdanie podrzędne opisujące rzeczownik lub grupę rzeczownikową.

Subject
Podmiot: jest najczęściej grupą rzeczownikową, która w zdaniu poprzedza czasownik zgodny z nią pod względem liczby i osoby.

Subordinate Clause
Zdanie podrzędne: zdanie cząstkowe połączone ze zdaniem głównym.
Por. *Main Clause*.

Tense
Czas gramatyczny.

Verb
Czasownik: opisuje czynność albo stan lub pełni funkcję pomocniczą w stosunku do innego czasownika. Czasownik wprowadzający najwięcej znaczenia do zdania to tzw. czasownik zwykły. W języku angielskim każde pełne zdanie główne, względnie podrzędne, musi zawierać czasownik zwykły.

POJĘCIA GRAMATYCZNE

angielskie	polskie
active	strona czynna
adjective	przymiotnik
adverb	przysłówek
article	przedimek
auxiliary	czasownik posiłkowy
conjunction	spójnik
consonant	spółgłoska
continuous tense	czas ciągły
demonstrative pronoun	zaimek wskazujący
future	czas przyszły
imperative	forma rozkazująca
infinitive	bezokolicznik
intransitive verb	czasownik nieprzechodni
noun	rzeczownik
object	dopełnienie
participle	imiesłów
passive	strona bierna
past	czas przeszły
perfect (tense)	czas dokonany (perfektywny)
personal pronoun	zaimek osobowy
phrasal verb	czasownik frazowy
plural	liczba mnoga
possessive pronoun	zaimek dzierżawczy
preposition	przyimek
present	czas teraźniejszy
pronoun	zaimek
reflexive pronoun	zaimek zwrotny
relative pronoun	zaimek względny
singular	liczba pojedyncza
subject	podmiot
transitive verb	czasownik przechodni
verb	czasownik
vowel	samogłoska

Indeks terminów gramatycznych

A
adjective 95-103
adverb 108-112
all 73, 87
any 77, 148
article 82-90
as... as 101
auxiliary 18-27

B
be used to 31
be 26-27
both 74, 80-81, 87, 117

C
conjunction 86-87
continuous tenses 10
coordinating conjunction 116-117

D
demonstrative pronoun 73-77, 86-87
do 30

E
each 75, 81
either 76, 80-81, 88, 117
every 87

F
free relatives 145
friendly 110
future 15-18
future continuous 17
future simple 10

G
get 30-31
get used to 31
good / well 99

H
have 28-29, 131-132

home 110

I
if 123-125
independent possessive forms 69-70
indirect speech 121-122
-ing 127-131
intransitive verb 7

L
let 131

M
make 132
measurements 91-93
modal verbs 21-26

N
negation 19, 148
neither 75, 80-81, 88, 117
no 88
none 77
noun 57-62

O
object 66
object pronouns 119
of 36
one 70, 75
own 100

P
pair nouns 61-62
participle 7
passive form 11
past continuous 10, 14
past perfect 10, 15
perfect tense 10
personal pronouns 66-67
phrasal verbs 50-53
plural 57-58
possessive 58-60
possessive forms 68-70

preposition 41-47
present simple 7
present continuous 10, 12, 16-17
present perfect 10, 13
pronouns 66-77, 122
proper names 62

Q
quantities 91-93
question tags 21

R
reflexive pronoun 71-73
relative clause 141
relative pronoun 142

S
sentence construction 119-132
simple past 8-9, 13-15
simple present 7, 12, 17
some 76, 87
subject 119
subject pronouns 66-67

T
tenses 7-17
than 100-101
that 144
there is / there are 27-28
titles 62
transitive verb 7

U
used to 12

V
verbs 7-31, 119-120

W
well / good 99
when 123
yes-no questions 19-20